David Berger

Thomas von Aquin
und
die Liturgie

David Berger

THOMAS VON AQUIN
UND DIE LITURGIE

EDITIONES THOMISTICAE

2. verbesserte und erweiterte Auflage

KÖLN
2000

2. verbesserte und erweiterte Auflage
Alle Rechte liegen beim Autor
Herstellung: Libri Books on Demand
ISBN 3-89811-286-1

Umschlaggestaltung: Dipl.-Ing. Klaus E. Krauß
Bildausschnitt: Fra Angelico, San Marco - Florenz,
nach 1437

SANCTAE DEI GENITRICI
SEDI SAPIENTIAE

IN SIGNUM GRATITUDINIS
ET FILIALIS OBEDIENTIAE

Vorbemerkung zur 1. Auflage

Diesem kleinen Büchlein muß eine kurze Danksagung vorausgeschickt werden. Sie geht nach Rom, an S.E. Alfons M. Card. Stickler SDB. Trotz einer anstrengenden Rekonvaleszenzphase hat er das Manuskript „mit lebhaftem Interesse" gelesen und mich ausdrücklich und energisch zu einer möglichst raschen Veröffentlichung ermutigt und aufgefordert. Ihm, der sich durch seinen unermüdlichen und aufopferungsvollen, theoretischen wie praktischen Einsatz für das Überleben der klassischen römischen Liturgie bei den traditionsverbundenen Gläubigen in aller Welt größten Respekt erworben hat, sei also hier noch einmal der Dank auch des Autors dieses kleinen Büchleins zum Ausdruck gebracht.

Zur 2. Auflage

Die Nachfrage nach der hier vorliegenden Schrift war so groß, daß nun - bereits nach wenigen Monaten - eine zweite, inhaltlich stark erweiterte und verbesserte Auflage erscheint. Mut dazu gemacht haben uns nicht zuletzt auch die positiven Stimmen zu dem Büchlein. Besondere dankende Erwähnung verdienen in diesem Zusammenhang die z.T. sehr ausführlichen und wohlwollenden Rezensionen von Prof. Dr. Walter Hoeres in der „Tagespost", Monsignore Prof. Dr. Brunero Gherardini (Vatikan) in „Divinitas", Jens Mersch in der „Kirchlichen Umschau" und Monsignore U.-P. Lange in „Theologisches".

INHALTSVERZEICHNIS

I. WARUM GERADE THOMAS VON AQUIN?

Die Beschäftigung mit den Grundlagen der Liturgik, mit der Frage, was denn Liturgie im eigentlichen und authentischen Sinne ist, bedarf in der gegenwärtigen Stunde keiner eigenen Rechtfertigung.

Zu zahlreich und zu mannigfaltig sind inzwischen die Stimmen, die auf dem Gebiet der Liturgie, nach Jahrzehnten eines häufig schlecht beratenen Reformierens und zumeist alle Traditionen über Bord werfenden Experimentierens, ein „Anfangen von innen her", eine „Wiederentdeckung der lebendigen Mitte" der Liturgie, ein „Eindringen in das innere Gewebe der Liturgie", das dann den Maßstab für das, was im Bereich der Liturgie zulässig bzw. geboten ist, bieten kann, fordern[1].

Aber warum sollte uns heute gerade Thomas von Aquin etwas zu sagen haben? Ein Theologe, der vor mehr als 700 Jahren gestorben ist, dessen Fragen - aufgrund des gewandelten Kontextes, in dem er dachte und schrieb - doch anscheinend ganz andere waren, als jene, die wir uns heute stellen?

Ein Theologe, den die Theologiegeschichte zurecht als den wichtigsten Exponenten der Scholastik betrachtet - also eben

---

[1] Joseph Kardinal RATZINGER, Zum Gedenken an Klaus Gamber, in: Wilhelm Nyssen, Simandron. Der Wachklopfer (GS Gamber), Köln 1989, 13. Vgl. auch die Äußerungen Alfons M. Kardinal Sticklers: ibid., 17-19.

jener Art Theologie zu treiben, die von nicht wenigen Liturgikern als theoretisches Korrelat zu dem mit dem Mittelalter angeblich beginnenden Niedergang der Liturgie durch Rationalismus, Legalismus, übertriebene Anlehnung an die Kirche von Rom angesehen wird[2]?

Ein Denker zumal, von dem einer der bekanntesten Thomaskenner deutscher Zunge schreibt: „Thomas hat ... offenbar nicht viel Sinn für Liturgie gehabt". Und einige Seiten weiter: „Im Orden des Thomas, den Predigerbrüdern, ist die Feier der Liturgie - Chorgebet und Eucharistiefeier - wesentliches Element des Klosterlebens ... Dennoch: Thomas hat dafür keinen Sinn"[3]?

Die folgende Abhandlung versucht darauf eine Antwort zu geben.[4]

---

[2] In Anlehnung an Joseph A. Jungmann vertreten diese These etwa: Marcel METZGER, Geschichte der Liturgie, Paderborn 1998, 127-144 und Geoffrey HULL, The banished Heart, Richmond 1995. Zu Hull vgl. Helmut RÜCKRIEGEL, Papsttum, Gehorsam - und der liturgische Traditionsbruch, in: UVK 26 (1996) 391-415. Damit in engem Zusammenhang steht die in Deutschland zuerst von Theodor Klauser vertretene These von der Zementierung der römischen Einheitsliturgie vom 12. Jahrhundert bis zur Liturgiereform. Sie gilt heute allerdings als „weitgehend widerlegt": Benedikt KRANEMANN, Liturgiewissenschaft angesichts der Zeitenwende, in: Hubert Wolf (Hg.), Die katholisch-theologischen Disziplinen in Deutschland 1870-1962, Paderborn 1999, 365.

[3] Otto H. PESCH, Thomas von Aquin. Größe und Grenze mittelalterlicher Theologie, Mainz [3]1995, 76; 346.

[4] Während in deutscher Sprache keine umfassende Arbeit zu unserem Thema vorliegt, existieren in anderen Sprachen einige Abhandlungen: J. MENESSIER, L'idée du sacré et le cult d'aprés S. Thomas, in:

1. Die Autorität des hl. Thomas

Zunächst legt sich rein formal eine Rückfrage zum Aquinaten bezüglich wichtiger Probleme aufgrund der alle anderen Theologen überragenden Autorität, die das Lehramt der Kirche dem Aquinaten, besonders die Päpste der letzten Jahrhunderte, zuerkennen, nahe. Wir müssen uns in diesem Zusammenhang darauf beschränken, einige der wichtigsten und eindrucksvollsten diesbezüglichen Aussagen anzuführen.[5]

„Konzilien und Päpste wetteiferten in der Huldigung an den großen Aquinaten. Wer von den beiden höchsten kirchlichen Instanzen in der Förderung seines Ruhmes mehr geleistet hat,

---

RSPhTh 19 (1930) 63-82; Jean-Michel HANSSENS, De Natura Liturgiae ad mentem S. Thomae, in: PRMCL 24 (1935) 127-165; Joseph LÉCUYER, Reflexions sur la théologie du cult selon saint Thomas, in: RTh 55 (1955) 339-362; Yves CONGAR, La Tradition et les traditions, Bd. II, Paris 1963, 183-191; C. BOROBIA, La liturgia come lugar telógico en la teología sacramentaria de santo Tomás, in: Miscelanéa P. Cuervo, Salamanca 1970, 229-254; Liam G. WALSH, Liturgy in the theology of St. Thomas, in: The Thomist 38 (1974) 557-583; GONZÁLEZ FUENTE, Antolin: La theologia nella liturgia e la liturgia nella teologia in san Tommaso d'Aquino, in: Ang 74 (1997) 359-417. 551-601.

[5] Vgl. Jacques J. BERTHIER, Sanctus Thomas Aquinas „Doctor Communis" Ecclesiae, Vol. I: Testimonia Ecclesiae, Romae 1914; Jacobo Maria RAMIREZ, De auctoritate doctrinali S. Thomae Aquinatis, Salamanticae 1952.

können wir nicht sagen. Jedenfalls war die Zusammenwirkung eine kausal wechselseitige."[6]

Bereits Papst Johannes XXII. bemerkte bei der Heiligsprechung des Aquinaten im Jahr 1323, daß Thomas die Kirche mehr als alle anderen Lehrer der heiligen Theologie erleuchtet habe[7] und stellte ihn als ersten neueren Theologen neben die vier größten Kirchenlehrer der Alten Kirche.

Ein weitere wichtige Etappe für den Triumph des engelgleichen Lehrers[8] stellt das Konzil von Trient (1545-1563) dar. Caesare Baronius, der bekannte Geschichtsschreiber des genannten Konzils, bemerkt in dieser Sache, daß es kaum auszudrücken ist, welch entscheidenden Einfluß der hl. Thomas auf die Konzilsväter besaß[9] und Papst Leo XIII. erinnert in seiner Thomasenzyklika *Aeterni Patris* an die Tatsache, daß die *Summa theologiae* des Aquinaten neben der Heiligen Schrift und den Büchern mit den päpstlichen Dekreten während des ganzen Tridentinums aufgeschlagen und von den Vätern eifrig konsultiert

---

[6] Gallus M. MANSER, Das Wesen des Thomismus, Freiburg/Schweiz ³1949, 79.

[7] „Ipse plus illuminavit ecclesiam, quam omnes alii doctores".

[8] Zu dem Titel: Ferdinand HOLBÖCK, Thomas von Aquin als „Doctor Angelicus", in: StTom 2 (1977) 199-217.

[9] BERTHIER, Sanctus Thomas, 402: „Vix quisquam ennarare sufficiat, quot vir sanctissimus atque eruditissimus Theologorum praeconiis celebretur, quantumque illius illibatae doctrinae a sanctis Patribus in sacrosancto oecumenico concilio considentibus fuerit acclamatus".

auf dem Konzilstisch gelegen hat[10]. Und so hat das Konzil auch dort, wo es auf eine auch die Liturgie zutiefst berührende Frage: jene nach der Realpräsenz geantwortet hat, fast wörtlich auf einen Text des hl. Thomas aus der theologischen Summe (IIIa q.75 a.4) zurückgegriffen.[11]

Hier schon deutet sich an, daß die Konzilien und Päpste die Lehre des hl Thomas stets als Schutzwall gegen die Heterodoxie betrachtet haben.

Dies zeigt sich auf besonders nachdrückliche Weise in der zweiten Hälfte des 19. und der ersten Hälfte des 20. Jahrhunderts: Hier sind - neben den zahlreichen Ansprachen der Päpste und den XXIV Thomistischen Thesen der päpstlichen Studienkongregation (DH 3601-3624) - besonders erwähnenswert die Enzykliken *Aeterni Patris* (1879) Leos XIII., *Studiorum Ducem* (1923) Pius XI., und *Humani Generis* (1950) Pius XII. sowie die zahlreichen klaren und weitsichtigen Äußerungen des hl. Papst Pius X. im Kontext der Bekämpfung der Häresie des Modernismus. In keiner Weise hätte dieser Papst das Grundübel der verschiedenen Strömungen des Modernismus, gegen die er und seine Nachfolger so mutig angetreten sind und die auch

---

[10] ibid., 212: „Sed haec est maxima et Thomae propria, nec cum quopiam ex doctoribus catholicis communicata laus, quod patres Tridentini ... una cum divinae Scripturae codicibus et Pontificum Maximorum decretis, Summam Thomae Aquinatis super altari patere voluerunt, unde consilium, rationes, oracula peterentur".

[11] Vgl. Antonio PIOLANTI, Il Mistero Eucaristico, Città del Vaticano ³1983, 249.

heute nach wie vor in modifizierter Form virulent sind[12], besser charakterisieren können als in dem berühmten Satz aus der Enzyklika *Pascendi*: „Vom heiligen Thomas in irgendeiner Frage abzuweichen, bedeutet stets einen unermeßlichen Schaden"[13]. Ergänzend Pius XI. in *Studiorum Ducem*: „Daraus geht klar hervor, daß die Modernisten mit guten Gründen keinen anderen Kirchenlehrer so sehr fürchten wie den heiligen Thomas von Aquin."[14]

So konnte Kardinal Bacci auf dem Zweiten Vatikanischen Konzil gegen Stimmen, die diese einzigartige Stellung des hl. Thomas mit seltsamen Argumenten stürzen wollten, antworten: „Den Vorrang des hl. Thomas von Aquin bestreiten zu wollen, hieße das Konzil über die Päpste und gegen die Päpste stellen, die sich mehr als achtzigmal über diesen Gegenstand geäußert haben."[15]. Daß das Vatikanum II die Autorität des hl. Thomas in gleich zwei Dokumenten ausdrücklich hervorhebt, verwundert dann auch nicht: *Optatam totius* schreibt für die Ausbil-

---

[12] Vgl. William J. HOYE, Gotteserfahrung?, Zürich 1993, 33-34: „Der 1907 verurteilte Modernismus übt hingegen einen kaum zu überschätzenden Einfluß auf die gegenwärtige Theologie aus ... Alles andere wird von diesem Standpunkt [des Subjektivismus] aus relativiert".

[13] „Aquinatem deserere ... non sine magno detrimento esse!" Vgl. ähnlich an die Dozenten der Päpstlichen Akademie des hl. Thomas 1914: „Nimirum curae habeant a via et ratione Aquinatis numquam discedere" (BERTHIER, Sanctus Thomas, 368).

[14] Zit. nach: Anton ROHRBASSER (Hg.), Heilslehre der Kirche, Freiburg/Schweiz 1953, Nr. 1945.

[15] Zit. nach: HOLBÖCK, Thomas von Aquin, 199.

dung der Theologen vor: „sodann sollen sie lernen, mit dem hl. Thomas als Lehrmeister, die Heilsgeheimnisse [16] in ihrer Ganzheit spekulativ tiefer zu durchdringen und ihren Zusammenhang zu verstehen, um sie, soweit möglich, zu erhellen." Und die *Declaratio* über die christliche Erziehung stellt den hl. Thomas als das allen der Kirche unterstehenden Universitäten und Fakultäten leuchtende Vorbild für die Synthese von Glaube und Vernunft in der einen Wahrheit - der fundamentaltheologischen Frage schlechthin - vor.[17]

Liest man diese Stellen, wie häufig geschehen, nicht im Sinne einer revisionistischen Geschichtsschreibung, die das letzte Konzil als einen revolutionären Revancheakt für 1900 Jahre Kirchengeschichte betrachtet[18], sondern interpretiert man es im Kontext der Tradition, das heißt auch der von der *Commissio*

---

[16] lat.: *mysteria*. Die enge Verwandtschaft des Terminus *mysterium* mit Sache und Begriff des *sacramentum* und damit der Liturgie, legt eine besondere Rolle des hl. Thomas in liturgischen Fragen zumindest nahe!

[17] Optatam totius 16; Gravissimum educationis 10. Vgl. auch CIC 252 § 3.

[18] Vgl. BERGER, Revisionistische Geschichtsschreibung, in: Theologisches 29 (1999) 3-13. Vgl. dazu auch die Replik von Otto H. PESCH, Das Zweite Vatikanische Konzil 40 Jahre nach der Ankündigung – 34 Jahre Rezeption, in: Antonio Autiero (Hg.), Herausforderung Aggiornamento. Zur Rezeption des Zweiten Vatikanischen Konzils, Altenberge 2000, 58-59. 75-76. Auf die von Pesch entworfene Kritik, die meinen Ausführungen immerhin zugesteht, „in gewissem Sinne ‚fesselnd'" zu sein, kann hier leider nicht eingegangen werden. Eine ausführliche Antwort ist in Bearbeitung.

praeparatoria vorbereiteten Texte (hier des Dokumentes „De doctrina S. Thomae servanda"[19]); bedenkt man daneben, daß das Vatikanum II das erste ökumenische Konzil der Kirchengeschichte ist, das einen „individuellen Autor ausdrücklich mit Namen nennt"[20], wird einigermaßen deutlich, welche Bedeutung das Lehramt der Kirche dem hl. Thomas nach wie vor einräumt: „Seine Lehre hat die heilige Kirche gleichsam zu ihrer authentisch-eigenen erklärt: deshalb nennt sie den hl. Thomas auch ihren allgemeinen oder universalen Lehrer"[21].

Ganz in diesem Sinne hat Papst Johannes Paul II. in seiner wegweisenden Enzyklika *Fides et Ratio* (1998) hervorgehoben, daß der „hl. Thomas zu Recht von der Kirche immer als Lehrmeister und Vorbild dafür hingestellt worden ist, wie Theologie richtig betrieben werden soll." (Nr.43) Und er zitiert *Aeterni Patris*: „das Denken des Aquinaten erreichte ‚Gipfel, wie sie die menschliche Intelligenz niemals zu denken vermocht hätte'." (Nr.44)

In um so krasserem Kontrast zu dieser eindeutigen und überragenden Autorität, die dem hl. Thomas zukommt, steht der radikale Einbruch, den der Thomismus seit Mitte der 60er Jahre,

---

[19] Acta et documenta Concilio Oecumenico Vaticano II apparando, Series II, Vol. III, pars II, Città del Vaticano 1969, 172-180.

[20] Josef PIEPER, Über einen verschollenen Vorschlag zum Zweiten Vatikanum, in: Walter Baier u.a. (Hg.), Weisheit Gottes - Weisheit der Welt (FS Ratzinger), Bd. II, St. Ottilien 1987, 971-975.

[21] De doctrina S. Thomae servanda, 172: „Cuius doctrinam ... Ecclesia Sancta sibi tamquam suam sumpsit eiusdem auctorem appelavit Doctorem Communem, id est universalem".

besonders in Westeuropa, erlitten hat und von dem er sich erst allmählich zu erholen beginnt.[22]

2. Ist Thomas heute noch aktuell?[23]

Woher nun kam dieser radikale Einbruch, der eine knapp siebenhundertjährige Tradition fast restlos zum Einsturz brachte?

Sicher wird man hier auf sehr viele Faktoren, dem Thomismus eher externe Gründe hinblicken müssen. Aber auch der Neothomismus, der am Vorabend dieses Zusammenbruchs weite Teile der im kirchlichen Kontext betriebenen Philosophie und der Theologie beherrschte, scheint daran nicht unbeteiligt. Zumeist von Jesuiten (Joseph Maréchal, Karl Rahner, Johannes B. Metz, Bernard Lonergan) sowie transzendentalphilosophisch geprägt, ging es ihm primär darum, die Aktualität des Thomas im Hinblick auf die moderne Philosophie und Theologie möglichst schlüssig und reibungsfrei aufzuweisen.

---

[22] Papst JOHANNES PAUL II. (Die Schwelle der Hoffnung überschreiten, Hamburg ²1994, 59) konstatiert, daß der Thomismus „bedauerlicherweise in der nachkonziliaren Zeit hintangestellt wurde". Vgl. weitere Dokumente des Lehramtes in der postkonziliaren Zeit bei: André CLEMENT, La sagesse de Thomas d'Aquin, Paris 1983, 243-359.

[23] Vgl. zu dem ganzen Abschnitt: BERGER, „S. Thoma praesertim magistro ..." - Überlegungen zur Aktualität des Thomismus, in: FKTh 15 (1999) 180-202

Dies führte dazu, daß auf für historische Zusammenhänge wenig sensible Weise der Unterschied zwischen Thomas und der Moderne eingeebnet und so das Spezifische der thomistischen Synthese - und damit auch ihr kritisches Potential - verdrängt wurde[24].

Besonders klar profiliert findet sich die aufgezeigte Problematik in der Thomasrezeption J.B. Metzs und dessen Lehrers Karl Rahner. In seinen *Schriften zur Theologie* und einem Vorwort zu Metz' Dissertationsschrift äußert sich Karl Rahner folgendermaßen: „Eine Restauration des bisherigen Schulthomismus und des diesem zugrundeliegenden unmittelbaren und fast naiven Verhältnisses zu Thomas wäre ... ein Verbrechen [sic!] an der Kirche und an den Menschen von heute."[25]

Nur „ein Thomas, der am Anfang der Zeit steht, die heute noch unsere ist ... kann auch heute noch unser Lehrer sein ... kann ein Mann sein, der - mit anderen - den noch halb verborgenen Anfang der Zeit bildet, die noch unsere Zeit ist: der Neuzeit"[26]. Ganz abgesehen von der Tatsache, daß sich Rahner in dem erstgenannten Zitat nicht nur im Ton vergreift, ist die Konsequenz eines solchermaßen aktualisierten Thomismus offensichtlich:

---

[24] John I. JENKINS, Knowledge and faith in Thomas Aquinas, Cambridge 1997, 2-3; 101-128.

[25] Karl RAHNER, SzT X, 12.

[26] Johann B. METZ, Christliche Anthropozentrik. Über die Denkform des Thomas von Aquin, München 1962, 19.

18

Was ist langweiliger als ein Thomas, der uns nur in etwas naiver Form sagt, was wir längst in vollkommener Form wissen?
Was liegt letztlich näher als sich von einem Thomismus, der im
Grunde genommen nur eine unterentwickelte Form des modernen Denkens darstellt und dieser folglich keine echten Alternativen zu bieten imstande ist, endgültig zu verabschieden?

Sollte diese Problematik dazu führen, daß wir die Suche nach
einer Aktualität des hl. Thomas in der Gegenwart nicht gänzlich
aufgeben müssen, wollen wir nicht einem rettungslosen
Anachronismus verfallen?
Nein!
Gerade jener Kontext, der zeigt, daß eine bestimmt strukturierte
Aktualisierung des Thomismus gescheitert ist und die Theologie nicht nur bereichert hat, sondern in zahlreichen Bereichen
auch schwer belastet; jener Hintergrund, verbunden mit der
bleibenden Frage, was der Thomismus zur Stunde für die Theologie und Kirche, die eben jenen Dienst explizit fordern, leisten
kann, ruft geradezu nach einer Antwort.[27]
Sie ist in der modifizierenden Explizierung dessen zu suchen,
was andere Autoren diesbezüglich bislang nur angedeutet ha

---

[27] Vgl. Hans C. SCHMIDBAUR, Personarum Trinitas. Die trinitarische Gotteslehre des hl. Thomas von Aquin, St. Ottilien 1995, 17.

ben[28]: In der Erkenntnis, daß die eigentliche Aktualität des Thomismus eben nicht an jenen Stellen offenbar wird, wo er einfach mit den Dogmen unserer eigenen Gegenwart - ganz gleich ob wir sie nun als Neuzeit, Moderne, Postmoderne o.ä. umschreiben - gleichzeitig gemacht wird.

Vielmehr ist die hier gesuchte Gleichzeitigkeit jene des Ungleichzeitigen[29]:

Die eigentliche Aktualität des Thomismus zeigt sich in dessen Fremdheit; dort wo er jene vordergründigen Plausibilitäten, die die Glaubenssätze des Zeitgeistes stützen und sich heute weithin im kirchlichen Alltagsjargon - der bis ins Herz der Kirche: die Liturgie vorgedrungen ist - ihre eigene Sprache geschaffen haben, durchbricht; dort, wo dessen überzeitliche Weisheit uns in eine schmerzhafte und doch heilsame Unruhe versetzt, die Verengungen unseres Denkens aufbricht, uns aus unserem Haus der Zeitlichkeit zerrt, um uns zu einem „überzeitlichen, allem Wechsel der Fragehaltungen und Theologieepochen enthobenen Fortschritt"[30] zu führen.

So trifft auf die hier angestrebte Aktualität des Thomismus ebenfalls zu, was der Philosoph Hermann Kleber in ähnlichem Zusammenhang bemerkt: „Jede Epoche und jeder Kulturkreis

---

[28] Id., 15-17; PESCH, Thomas von Aquin, 40-41; JENKINS, Knowledge and faith, 3; Gion DARMS, 700 Jahre Thomas von Aquin, Freiburg/Schweiz 1974, passim.

[29] Vgl. Leo SCHEFFCZYK, Theologie und Moderne, in: FKTh 13 (1997) 283-290; 289.

[30] SCHMIDBAUR, Trinitas, 17.

hat angesichts der großen, allgemein menschlichen Fragen, welche alle Menschen aller Epochen und Kulturkreise betreffen, spezifische Blindstellen und verfestigte Vorurteile. Diese sind in der Regel weder bewußt noch absichtlich zustande gekommen, sondern sind das Resultat unreflektiert übernommener Überzeugungen, Ansichten, Urteile und Begriffe. Die ernsthafte Auseinandersetzung mit einer historisch früheren Position bietet daher die Chance, sich von der Befangenheit der Vorurteile und ungerechtfertigten Überzeugungen der eigenen Epoche und des eigenen Kulturkreises zu befreien, die eigene Position besser zu verstehen, zu relativieren und ... *gegebenenfalls zu korrigieren*"[31].

Eine Befragung des hl. Thomas zu den fundamentalen Fragen der Liturgie, die leitmotivisch die ganze derzeit brennende Diskussion um die Liturgie durchziehen, ist also nicht nur von den Vorgaben des Lehramtes her geboten, sie scheint auch - betrachtet man die Aktualität, wie eben angedeutet - wissenschaftlich gut vertretbar.

Daneben sei am Rande noch ein weiterer Punkt erwähnt, der die Dringlichkeit dieser kleinen Studie zusätzlich unterstreicht:
Auf die Tatsache, daß eine Theologie der Liturgie im deutschen Sprachraum nach wie vor ein dringendes Desiderat der Litur-

---

[31] Hermann KLEBER, Glück als Lebensziel. Untersuchungen zur Philosophie des Glücks bei Thomas von Aquin, Münster 1988, 7.

giewissenschaft ist, hat jüngst wieder Benedikt Kranemann hingewiesen[32].

So möchte diese Untersuchung zugleich einen Beitrag leisten,
dieser desolaten Situation aus thomistischer Perspektive
wenigstens ansatzweise zu begegnen.

---

[32] KRANEMANN, Liturgiewissenschaft, 363. Vgl. auch: Richard
MEßNER, Was ist systematische Liturgiewissenschaft?, in: ALW 40
(1998) 257-274. Eine wichtige grundlegende Studie, die zentrale Elemente einer solchen Theologie der Liturgie aufzeigt, hat der bekannte
Theologe Leo Scheffczyk vorgelegt: Leo SCHEFFCZYK, Theologische Grundlagen der Liturgie, in: Franz Breid (Hg.), Die heilige Liturgie, Steyr 1997, 16-36. Fundamentale Überlegungen, die stärker aus
der philosophischen Perspektive erarbeitet sind, bietet auch: Walter
HOERES, Gottesdienst als Gemeinschaftskult – Ideologie und Liturgie, Bad Honnef 1992.

II. DIE LITURGIE IM LEBEN DES ENGELGLEICHEN LEHRERS

Es war ein Patriarch von Konstantinopel, der gelehrte Kardinal Bessarion, Teilnehmer an dem Konzil von Florenz (1439), der über den „letzten großen Lehrer der noch ungeteilten Christenheit" (Pieper) gesagt hat: wie Thomas unter den Heiligen der Gelehrteste, so sei dieser zugleich unter den Gelehrten der Heiligste: „... non minus inter sanctos doctissimus, quam inter doctos sanctissimus"[33]. Er hatte damit prägnant ausgedrückt, was die moderne Literatur über den Aquinaten allzu häufig vergessen hat: Seine philosophisch-theologische Synthese ist geboren aus dem Lichtfluß seiner Heiligkeit und allein in diesem Lichtfluß wird sie den Nachgeborenen wirklich sichtbar. Daher müsste sich das Augenmerk der Thomasinterpreten verstärkt auf die klassischen wie die neueren Forschungen zur von Thomas gelebten wie gelehrten Spiritualität[34] lenken.

---

[33] BERTHIER, Sanctus Thomas, 679. Zum Einfluß des hl. Thomas auf die griechische Kirche: Romanus CESSARIO, Le Thomisme et les Thomistes, Paris 1999, 75-76.

[34] Vgl. Réginald GARRIGOU-LAGRANGE, Mystik und christliche Vollendung, Augsburg 1927; Magnus BECK, Wege der Mystik bei Thomas von Aquin, St. Ottilien 1990; Marie-Dominique PHILIPPE, Saint Thomas docteur témoin de Jésus, Paris-Fribourg ²1992; Jean-Pierre TORRELL, Saint Thomas d'Aquin, maître spirituel, Fribourg 1996; dazu: BERGER, Rez, in: FKTh 14 (1998) 69-71; ID., Thomas von Aquin - Lehrer der Spiritualität, in: FELS 30 (1999) 12-15.

Dies gilt *a fortiori* für den Bereich der Liturgie, denn in keinem anderen Bereich verknüpft sich die Glaubenswissenschaft (die Erforschung der *lex credendi*) so eng mit dem Glauben im feierlichen Vollzug, wie hier![35]
Welche Rolle spielt nun die Liturgie im Leben des hl. Thomas von Aquin?

1. Die liturgische Spiritualität der Söhne des hl. Benedikt von Nursia

Der von der postkonziliar reformierten Liturgie gewünschte Mensch ist kaum mehr der kontemplativ-empfangende als vielmehr der aktiv-machende, der glaubt Liturgie gestalten zu können. Aus dem Geschenkhaft-Kontemplativen ist man auf weite Strecken „umgestiegen in das Machen ..., das platte Produkt des Augenblicks"[36].
Eine ganz andere Menschlichkeit leuchtet uns im Leben des hl. Thomas entgegen. Fast alle seine Biographen überliefern uns, Thomas sei ein „homo magnae contemplationis et orationis: ein ganz der Kontemplation und dem Gebet zugetaner Mensch"[37] gewesen.

---

[35] Dies zeigt sich in der reziproken Kausalität von *lex credendi* und *lex orandi*! Dazu: Alfons M. Kardinal STICKLER, Der Vorrang des Göttlichen in der Liturgie, in: UVK 27 (1997) 323.
[36] RATZINGER, Klaus Gamber, 14-15.
[37] Neapoli, 77.

Gerade die klassische Liturgie verlangt und schafft aber einen solchen der Kontemplation zugewendeten, empfangenkönnenden, demütigen[38], nicht pelagianisch[39] in sich verkrampften Menschen, der zunächst ganz von sich absieht und sich dem Größeren, dem Anderen öffnet. Dieser Mensch erkennt, daß die Liturgie etwas mit den Sternen gemeinsam hat: „ihrem ewig gleichen Gang, ihrer unverrückbaren Ordnung, ihrem tiefen Schweigen, ihren unendlichen Weiten".[40]

Schon sehr früh scheint diese Fähigkeit beim heiligen Thomas grundgelegt worden zu sein. Wuchs er doch bei den Benediktinern von Montecassino auf und wurde dort im Geist des hl. Benedikt von Nursia, in dessem Orden die Liturgie sowohl der Geltung als auch dem Zeitaufwand nach die erste Stelle einnimmt, erzogen.[41] Die *laus perennis* der Söhne des heiligen Benedikt, die feierliche Liturgie, an der er als Oblate der Benediktinerabtei tagtäglich teilnehmen durfte, war für ihn die erste Schule, durch die er in die Urmysterien, die *principia* (Sth Ia

---

[38] Diesen Charakterzug heben die Biographen des Aquinaten immer wieder hervor!

[39] Die Gnadenlehre des hl. Thomas, besonders in ihrer endgültigen Form, ist - neben den Schriften des hl. Augustin - der wichtigste und bedeutendste Gegenentwurf gegen diese unaufhörlich drohende Häresie.

[40] Romano GUARDINI, Vom Geist der Liturgie, Freiburg [6]1962, 71-72.

[41] Vgl. Tommaso LECCISOTTI, Il Dottore angelico a Montecassino, in: RFNS 32 (1940) 519-547; TORRELL, Magister Thomas, Freiburg 1985, 26-27.

q.1 a.5 ad 2) der Theologie eingeführt wurde. Die Bedeutung dieser Schulung klingt etwa noch sehr deutlich im Prolog der *Postilla super Psalmos* des Aquinaten[42] nach, wo dieser die einmalige Bedeutung der Psalmen damit begründet, daß sie den gesamten Inhalt der Theologie enthalten („generalem habet totius theologiae"). Nicht verteilt über viele verschiedene Bücher, wie in der restlichen heiligen Schrift, sondern vereint in diesem einen Buch; nicht als Erzählung, Bericht, Brief oder Belehrung, sondern in der vornehmsten Form: des liturgischen Lobens, Dankens und Bittens. Wo die Theologie daher auf die Psalmen rekurriert, zeigt sich in besonderer Weise ihr Weisheitscharakter.[43]

Die damals grundgelegte Liebe zum Gesang der Psalmen im Rahmen des göttlichen Offiziums scheint bei Thomas Zeit seines Lebens lebendig geblieben zu sein. Der bekannteste der klassischen Biographen des Aquinaten, Wilhelm von Tocco, der den hl. Thomas noch persönlich kennenlernen durfte, berichtet, daß Thomas nachts immer schon vor der eigentlichen Zeit zum Chorgebet, der Matutin, erschien (cap. 34). Schon einige Kapitel (cap. 29) zuvor lesen wir: „Man sah ihn auch häufig, wenn er in der Komplet der Fastenzeit den Psalmvers sang: 'Verwirf uns nicht in der Zeit des Alters, wenn meine Kräfte schwinden',

---

[42] Dazu: TORRELL, Magister Thomas, 270-273

[43] In Psalm. prol. Vgl. dazu auch: Lydia MAIDL, Desiderii interpres. Genese und Grundstruktur der Gebetstheologie des Thomas von Aquin, Paderborn 1994, 322 und Ciro MACRELLI, La lode e il canto in San Tommaso d'Aquino, in: StTom 13 (1981) 447-453.

26

wie entrückt und von Frömmigkeit verzehrt, von vielen Tränen
überströmt, die aus den Augen des frommen Gemütes hervorzu-
brechen schienen."[44]

2. Die Eucharistie als Mittelpunkt des Lebens

Unbestreitbarer Mittelpunkt des Lebens des hl. Thomas aber
war das Sakrament der Eucharistie, die heilige Messe. Tocco
berichtet - und darin stimmt er mit allen anderen Zeugnissen,
die in den Heiligsprechungsakten genannt werden, überein -:
„Täglich las er nämlich eine Messe, wenn ihn nicht Krankheit
hinderte, und als zweite hörte er die seines Gefährten oder eines
anderen, wobei er sehr häufig ministrierte. Er pflegte aber auch
öfters in der Messe von einem so starken Gefühl der Hingabe
ergriffen zu werden, daß er ganz in Tränen zerfloß, weil er von
den heiligen Geheimnissen eines so großen Sakramentes verzehrt und aus seinen Gaben erquickt wurde."[45]
Es war ebenfalls nach der hl. Messe, am Fest des hl. Nikolaus
1273, daß der Heilige sich seines Schreibzeugs entledigte und

---

[44] „Visus fuit etiam frequenter, cum cantaretur ille versus in Completo-
rio quadragesimali tempore: Ne projicias nos in tempore senectutis,
cum defecerit virtus mea; quasi raptus et in devotione absorptus multis
perfundi lacrymis, quas de oculis videbatur educere piae mentis." (Ed.
Prümmer, 103-104)

[45] Vgl. Martin GRABMANN, Das Seelenleben des heiligen Thomas
von Aquin, Freiburg/Schweiz ²1949, 13-31. Manche (so etwa Conra-
dus de Suessa) berichten auch davon, Thomas habe neben der eigenen
Zelebration noch *zwei* Messen zusätzlich „mit großer Andacht" gehört.

die Arbeit an seiner theologischen Summe abbrach, um sie nie wieder aufzunehmen: „Omnia videntur mihi paleae!"

Kaum ein Zweifel kann darüber bestehen, daß es sich bei diesem, während jener heiligen Messe angebrochenen Schweigen um ein mystisches Verstummen handelt, welches die Antwort des Heiligen auf die von Gott eingegossene ekstatische Schau ist. Einmal dieser eingegossenen Beschauung, die die letzte Vorstufe der beseligenden Schau (*visio beata*) ist, teilhaftig, ganz nahe jenem ungeschaffenen, absolut einfachen Licht des göttlichen Seins, jenem Licht, in dem alle göttlichen Vollkommenheiten, die mildeste Barmherzigkeit, die unbeugsamste Gerechtigkeit und die absolute Freiheit sich wunderbar in ihrer einen Quelle vereint finden, ist es dem engelgleichen Lehrer nicht mehr möglich, in die verwickelten, vielfältigen Konklusionen scholastischer Methode, in die geschaffene Theologie zurückzukehren. Sein Auge ist nun nicht mehr das des Nachtvogels, der im diskursivem Dunkel der Zeitlichkeit sein Reich hat, sondern jenes des Adlers, der sich hoch in die Lüfte erhoben hat und die Sonne so umkreist, daß er ewig stille zu stehen scheint und seinen Blick nicht mehr von der unaustrinkbaren Fülle des göttlichen Lichtes abzuwenden beabsichtigt.[46]

Besonders bezeichnend für Thomas ist auch sein Verhalten in der Sterbestunde, das uns die große Demut des Heiligen gegenüber dem Altarsakrament vor Augen stellt: Als Thomas seinen

---

[46] Vgl. BERGER, Thomas von Aquin - Lehrer der Spiritualität, 13-14.

28

Tod kommen spürte, bat er um die Sakramente der Wegzehrung. Und bevor er den Leib des Herrn im Sakrament der Eucharistie empfing, betete er:

„Ich empfange dich als Lösegeld meiner Seele, ich empfange dich als Wegzehrung für meine Pilgerfahrt; aus Liebe zu dir habe ich studiert, gewacht und mich gemüht. Dich habe ich gepredigt und gelehrt. Gegen dich habe ich niemals etwas gesagt; sollte ich aber etwas gesagt haben, so habe ich es unwissend gesagt, und ich beharre nicht hartnäckig auf meiner Meinung, sondern wenn ich über dieses Sakrament oder über anderes schlecht geredet habe, so überlasse ich es ganz der Verbesserung durch die heilige römische Kirche, in deren Gehorsam ich nun aus diesem Leben scheide'. Es sagte aber der Lehrer bis zu seinem Ende mit größter Frömmigkeit und unter Tränen, was er bei der Erhebung des Leibes unseres Herrn zu sagen pflegte: 'Du König der Herrlichkeit Christus, du bist der ewige Sohn des Vaters' (*Te Deum*)."[47]

---

[47] TOCCO, Vita, 58: Sumo te pretium redemptionis animae meae, sumo te viaticum peregrinationis meae, pro cuius amore studui, vigilavi, et laboravi, te praedicavi et docui, nihil contra te dixi unquam, sed si quid dixi, ignorans dixi nec sum pertinax in sensu meo sed si quid male dixi de hoc Sacramento et aliis, totum relinquo correctioni Sanctae Romanae Ecclesiae, in cuius oboedientia nunc transeo ex hac vita. - Dicitur etiam de praedicto Doctore, quod in elevatione Corporis Domini nostri consueverat dicere: „Tu Rex gloriae Christe, Tu Patris sempiternus es Filius", usque ad finem cum magna devotione et lacrimis. (Ed. Prümmer, 132)

Bei der zentralen Stellung des in der Eucharistie gegenwärtigen Erlösers im Leben des Aquinaten, verwundert es auch nicht, dass, wenn „Thomas im Gebet oder in Verzückung dargestellt wird, so immer vor dem Bild des Gekreuzigten oder vor dem Altar, dem liturgischen Symbol Christi"[48].

Das schönste und bedeutendste Zeugnis seiner eucharistischen Frömmigkeit aber hat uns Thomas in dem von ihm auf Befehl Urbans IV. in Orvieto verfaßten Fronleichnamsoffizium und dem Hymnus *Adoro Te* hinterlassen[49]- Beides liturgische Texte, die einen bedeutenden Rang besitzen und auf die im folgenden noch mehrmals zurückzukommen sein wird. Über den Laudeshymnus *Verbum supernum* etwa hat einer der bekanntesten lateinischen Hymnendichter der Neuzeit, Jean-Baptiste de Santeul (+1697), gesagt, er hätte gerne alle seine Werke gegen diese Verse eingetauscht[50]. Und Papst Pius XI. schreibt in seinem Rundschreiben *Studiorum Ducem* zur sechsten Zentenarfeier der Kanonisation des hl. Thomas: „Schließlich besaß der Heilige die einzigartige Gabe, seine wissenschaftlichen Erkenntnisse in das Gewand liturgischer Gebete und Hymnen zu kleiden, so daß wir in ihm auch einen unvergleichlichen Dichter und Sänger des allerheiligsten Altarsakramentes verehren. In ihrem

---

[48] TORRELL, Magister Thomas, 300.

[49] Dazu: P.-M. GY, La Liturgie dans l'histoire, Paris 1990, 223-245; Torrell, Magister Thomas, 148-154.

[50] Pius PARSCH, Das Jahr des Heiles, Bd. III, Klosterneuburg 1938, 25-26.

30

ganzen weltweiten Bereich bedient sich ja die katholische Kirche in ihrer Liturgie mit Freuden der Hymnen des heiligen Thomas und wird sich ihrer stetsfort bedienen, sind sie doch zugleich gottinnige Herzensergüsse einer betenden Seele und unübertreffliche Formulierungen der von den Aposteln ererbten Lehre über das allerheiligste Sakrament, das vorzugsweise als das 'Geheimnis des Glaubens' bezeichnet wird. Angesichts dieser Tatsache ... wird sich gewiss niemand wundern, daß Thomas auch mit dem Titel eines 'Eucharistischen Lehrers' geehrt wurde."[51]

---

[51] RORBASSER Nr.1939.

III. LITURGIE ALS „AUCTORITAS" IN DER THEOLOGIE DES AQUINATEN

1. Der allgemeine liturgische Brauch der Kirche als „locus theologicus"

Die Frage, welche Rolle die Liturgie für die Theologie spielt, ist nicht nur ein für die Fundamentaltheologie (*loci theologici*) zentrales Thema, sie ist auch in der Liturgiewissenschaft seit deren Geburt im 17./18. Jahrhundert, besonders aber seit den Auseinandersetzungen um die liturgische Bewegung eine vieldiskutierte Sache[52].

Pius XII. mahnte in diesem Zusammenhang in seiner Enzyklika *Mediator Dei* (1947), daß die Liturgie nicht als übergeordnet-selbständiges Normprinzip des Glaubens aufgefaßt werden kann, vielmehr als eine wichtige Fundstelle für Glaubenswahrheiten und deren Verständnis anzunehmen ist; eine Fundstelle freilich, die sich am Glauben der Kirche messen lassen muß[53].

Welche Position nimmt der hl. Thomas in dieser Frage ein?

---

[52] Vgl. Philippus OPPENHEIM, Principia theologiae liturgicae, Torino 1947, passim; P. FERNANDEZ, Liturgia y Teología. La historia de un problema metodológico, in: CienTom 99 (1972) 135-179.

[53] AAS 39 (1947) 540-541. Dazu: Leo SCHEFFCZYK, Grundlagen des Dogmas. Einleitung in die Dogmatik, Aachen 1997, 146.

Für Thomas steht, wie für die gesamte Tradition vor ihm, die bedeutende Autorität der Liturgie fest. Dabei betrachtet er die Liturgie, wie Pius XII. in *Mediator Dei*, grundsätzlich als durch die Autorität der Kirche im Sinne der Tradition reglementierte. Unter dieser Voraussetzung - daß die Liturgie Ausdruck der durch die Kirche geschützten Orthodoxie ist - ist er sogar bereit, die Liturgie als Brauch der Kirche über die Autorität der Väter, neben die Heilige Schrift, zu stellen[54].

Dies zeigt sich etwa in der in der *Secunda Secundae* (q.10 a.12) behandelten Frage, ob man die Kinder von Juden oder anderen Ungläubigen gegen den Willen ihrer Eltern taufen darf. Thomas antwortet hier: Nein, denn dies ist niemals Brauch der Kirche (*consuetudo Ecclesiae*) gewesen. Dieser aber hat „maßgebendes, höchstes Ansehen" (*maximam auctoritatem*):

> „Ihm ist immer und in allem nachzueifern. Empfängt doch
> selbst die Lehre der katholischen Lehrer von der Kirche Au-
> torität, weshalb man sich mehr an die Autorität der Kirche
> als an die Autorität eines Augustinus oder eines Hieronymus
> oder jeglichen sonstigen Lehrers zu halten hat"[55].

---

[54] MAIDL, Desiderii interpres, 71-72: „Liturgie und Heilige Schrift zeigen sich im Einklang und sind daher beide höchste Autorität für die theologische Argumentation".

[55] IIa-IIae q.10 a.12: ... quod maximam habet auctoritatem Ecclesiae consuetudo, quae semper est in omnibus aemulanda: quia et ipsa doctrina Catholicorum Doctorum ab Ecclesia auctoritatem habet: unde magis standum est auctoritati Ecclesiae quam auctoritati vel Augustini

Ähnlich (wenn auch in der Konsequenz weniger glücklich) argumentiert Thomas auch, wo es um die Frage der Unbefleckten Empfängnis Mariae geht (Sth IIIa q.27 a.2 ad 3) und das (fehlende bzw. gegebene) Vorhandensein eines liturgischen Festtages, der dieses Mysterium feiert, als wichtiges Kriterium angeführt wird.[56]

Bereits in den *Quaestiones de veritate* (q.14 a.11) hatte der Doctor Communis darauf aufmerksam gemacht, daß nur jene Glaubenswahrheiten von allen (den gebildeten wie ungebildeten Gläubigen) explizit geglaubt werden müssen, „de quibus Ecclesia festa facit", von denen die Liturgie der Kirche ein Fest feiert[57].

Eine Berufung auf den liturgischen Brauch finden wir u.a. auch bei der Bestimmung der Form des Sakramentes der Letzten Ölung (Suppl. q.29 a.8) und bei der Frage nach der kon-

---

vel Hieronymi vel cujuscumque Doctoris. Hoc autem Ecclesiae usus numquam habuit, quod Judaeorum filii invitis parentibus baptizarentur.

[56] Auf die Problematik der thomanischen Auffassung von der Unbefleckten Empfängnis Mariens kann hier nicht eingegangen werden: vgl. dazu: Adolf HOFFMANN, Des Menschensohnes Sein, Mittleramt und Mutter. Kommentar zu Sth IIIa qq.16-34 (DThA 26), 536-549 und GARRIGOU-LAGRANGE, La mère du Sauveur, Paris - Montréal 1948, 36-60.

[57] De Ver q.14 a.11: Non tamen omnia credibilia circa Trinitatem vel Redemptorem minores explicite credere tenentur, sed soli maiores. Minores autem tenentur explicite credere generales articulos, ut Deum esse trinum et unum, Filium Dei esse incarnatum et mortuum, et resurrexisse; *et alia huiusmodi, de quibus Ecclesia festa facit.*

venienten Formel bei der Konsekration des Weines in der hl. Messe (IIIa q.78 a.3)[58].

Auch die Anrufung der Heiligen wird u.a. durch den allgemeinen Brauch der Kirche gerechtfertigt:

> „Dahin geht der allgemeine Brauch der Kirche, die in den Litaneien um das Gebet der Heiligen bittet"[59].

Der von der Kirche eingehaltene und erhaltene Ritus *(Ritus ab Ecclesia [con-]servatus)* ist für Thomas also eine unbestrittene *auctoritas.* Wenn Einwände einen Konflikt zwischen theologischem Prinzip und liturgischer Praxis aufzuwerfen scheinen, ist es das theoretische Prinzip, das sich an der liturgischen Praxis, die selbst wieder vom Lehramt der Kirche gemessen wird, zu messen hat.[60]

2. Die Rolle der Liturgie bei der Lösung einzelner theologischer Fragen

Bei dieser wichtigen Rolle, welche hier der Liturgie als *consuetudo Ecclesiae* im Hinblick auf die Theologie eingeräumt wird, ist es gut verständlich, daß sich Thomas allein in seiner theologischen Summe 57 mal auf Stellen aus der Liturgie als Belege

---

[58] ... quod Ecclesia ab apostolis instructa utitur hac forma in consecratione vini. Vgl. auch: IIIa q.60 a.8; q.66 a.10; q.72 a.4 sed contra; q.73 a.2 ad 1; q.75 a.2; q.80 a.12 sed contra; q.83 a.4.

[59] Suppl. q.72 a.2: Ad hoc est communis consuetudo Ecclesiae, quae in Litaniis sanctorum orationem petit.

[60] WALSH, Liturgy, 560-561: „If objections suggest a conflict between principle and practice, it is the principle that has to be adjusted".

für die von ihm vorgetragene Lehre beruft. Einige besonders prägnante und zentrale Beispiele seine hier genannt:

In der für den Thomismus wichtigen Frage nach der Prädestination taucht auch die Frage nach der Zahl der Vorherbestimmten auf (Ia q.23 a.7). Im Unterschied zu zahlreichen anderen Theologen, die in dieser Frage eifrig spekuliert haben, findet Thomas die beste Lösung in der Liturgie:

> „Besser aber sagt man [mit der Oration aus der Messe für die Lebenden und Verstorbenen], die Zahl der Auserwählten, die in der himmlischen Herrlichkeit Platz finden soll, ist allein Gott bekannt"[61].

In der Trinitätslehre gehört die Frage nach der sachlichen Identität der göttlichen Wesenheit mit den Relationen in Gott mit zu den schwierigsten. Eine wichtige Stütze für die Lehre, daß in Gott das Sein der Relation kein anderes ist als das der Wesenheit, ist dem hl. Thomas die Präfation am Dreifaltigkeitsfest und an den gewöhnlichen Sonntagen des Kirchenjahres, in der die Kirche singt:

> „... auf daß in den Personen die Eigentümlichkeit, in der Wesenheit die Einheit und in der Majestät die Gleichheit angebetet werde"[62].

---

[61] Ia q.23 a.7: Sed melius dicitur, quod "soli Deo cognitus est numerus electorum in superna felicitate locandus".

[62] Ia q.28 a.2: ... quod in Praefatione cantatur: "Ut in personis proprietas et in essentia unitas et in majestate adoretur aequalitas". Wenn hier statt von Beziehungen von Eigentümlichkeiten die Rede ist, so mindert

Die Schwierigkeiten, vor die die Übererhabenheit des Trinitätsgeheimnisses den Geist des Menschen stellt, zeigen sich auch
beim Ringen des Theologen um den rechten verbalen Ausdruck.
Auch hier können wir mit Thomas bei der Liturgie der Kirche
in die Schule gehen. Bei der Frage etwa, ob ein Ausdruck mit
exklusiver Bedeutung einem Wort beigelegt werden kann, das
eine der göttlichen Personen bezeichnet, kann uns der Sprachgebrauch des Gloria belehren, wenn es nicht allein für sich stehend vom Sohn sagt, er „allein sei der Allerhöchste", sondern
im gleichen Atemzug hinzufügt: „mit dem Heiligen Geiste in
der Herrlichkeit des Vaters"[63]

In der Quaestion, die das Verhältnis der Engel zum Ort behandelt, beruft sich Thomas auf die wunderschöne Oration zur
Komplet, wo es von dem Haus, auf das der Segen Gottes herabgerufen wird, heißt: „Deine heiligen Engel, die darin wohnen,
mögen uns im Frieden bewahren"[64].

Auf das Martyrologium vom Feste des hl. Märtyrers Tiburtius
(11. August) rekurriert Thomas, wo er zeigt, daß die Schau der
Wahrheit Schmerz und Trauer lindert und Freude weckt. Von
eben dieser übernatürlichen Freude berichtet nämlich das Do-

---

dies die Beweiskraft des Zitates nicht, denn die *proprietates* sind Ergebnis der Relationen.

[63] Ia q.31 a.4: ... quod non dicimus absolute quod solus Filius sit altissimus; sed quod solus sit altissimus 'cum Spiritu Sancto in gloria Dei
Patris'.

[64] Ia q. 52 a.1: ... quod in Collecta dicitur: 'Angeli tui sancti habitantes
in ea, nos in pace custodiant'.

minikanerbrevier, wenn es den über glühende Kohle schreiten-
den Tiburtius jubeln lässt:

> „Mir scheint, als ob ich auf Rosenblüten ginge, im Namen
> Jesu Christi"[65].

Zum veranschaulichenden Beleg für das Dogma, daß in Jesus
Christus Leib und Seele eine Einheit bilden, führt Thomas an,
was die Kirche in der Liturgie der Weihnachtszeit singt:

> „'Einen beseelten Leib nahm Er an, ließ sich herab, einer
> Jungfrau Kind zu werden'. Also waren in Christus Leib und
> Seele miteinander vereint"[66].

3. Die Liturgie der Sakramentenspendung und
die Sakramentstheologie

Es legt sich schon von der Sache her nahe, daß die Berufung auf
die Liturgie in der Sakramentstheologie den größten Raum
einnimmt. Liturgische Bräuche und Vorschriften werden hier
systematisch verarbeitet und auf ihre theologischen Grundlagen,
mit denen sie im Verhältnis einer reziproken Kausalität stehen,
hin befragt.

---

[65] Ia-IIae q.38 a.4: Et quod est amplius, etiam inter corporis cruciatus
hujusmodi gaudium invenitur: sicut Tiburtius martyr, cum nudatis
plantis super ardentes prunas incederet, dixit: 'Videtur mihi, quod super roseos flores incedam in nomine Jesu Christi'.
[66] IIIa q.2 a.5: ... secundum illud quod Ecclesia cantat: 'Animatum corpus assumens de Virgine nasci dignatus est'. Ergo in Christo fuit unio
animae et corporis.

Wenn es etwa um die Materie oder Form eines bestimmten Sakramentes geht, wird dessen Spendungsritus aufgesucht und von daher eine Antwort gegeben (so bei der Taufe: IIIa q.66 a.10; bei der Buße: Suppl q.28 a.3 und der letzten Ölung: Suppl q.32 a.6). Dabei zeigt der Aquinate nicht nur eine profunde Kenntnis der Liturgie bzw. der Liturgieerklärungen der Kirchenväter (Ambrosius und Augustinus sind auch hier von großer Wichtigkeit), sondern beachtet auch sorgfältig die kirchenrechtlichen Aspekte.[67] Damit wird hier schon ein Zug deutlich, auf den weiter unten noch ausführlich einzugehen sein wird: Das körperlich-sinnliche und damit auch ekklesiologische Element spielt eine wichtige Rolle, die nicht durch eine einseitige Spiritualisierung aufgehoben wird.[68]

Theologische Erklärung und Gegebenheiten des Ritus gehen eine kunstvolle Synthese ein, wo Thomas nach den Sinngehalten verschiedenster liturgischer Elemente fragt: etwa dem der Vermischung von Wein und Wasser beim Offertorium (IIIa q.74 a.6-8); des eucharistischen Fastens (ibid., q.80 a.8), der Konzelebration (ibid. q.82 a.2)[69], der Kommunionspendung (ibid., q.82, a.3) und der Zeit und des Ortes der Messfeier (ibid. q.83).

---

[67] VAGAGGINI, Theologie der Liturgie, 331.

[68] Dies unterstellt mit m.E. kaum überzeugender Argumentation O.H. PESCH, Thomas von Aquin, 343.

[69] Zur Problematik der gegenwärtigen Praxis der Konzelebration aus der Sicht des Thomismus: Rudolf Michael SCHMITZ, Inkarnation, Geschichte und Meßopfer, in: UVK 26 (1996) 344.

Wer sich ein wenig in der Psychologie auskennt, weiß, daß
Menschen dasjenige, um dessen Bedeutung sie wissen, das, was
ihnen „etwas sagt", nicht einfach als „unnötig" wegwerfen.
Solange die Autorität der äußeren Zeichen von der ihnen inne-
wohnenden, sie prägenden Bedeutung im Bewußtsein der Menschen getragen ist, ist diese Autorität eine aus sich heraus be-
ständige. Neben dem hohen theologischen, zeigt sich hier der
angesichts des im heiligen Raum seit mehreren Jahrzehnten um
sich greifenden Vandalismus in seiner pastoralen Valenz kaum
zu überschätzende praktische Wert dieser Erklärungen, die der
hl. Thomas gibt.

4. Die Kreuzzeichen im Kanon der hl. Messe: „Unnötige Wiederholungen"?

> „Die das Haus nicht mehr zu erkennen wissen,
> beginnen es abzutragen.
> So vergeuden die Menschen ihr kostbarstes Gut:
> den Sinn der Dinge.
> Und sie kommen sich an den Festtagen
> recht groß vor,
> weil sie nicht die Bräuche befolgen,
> weil sie ihre Überlieferungen verraten
> und ihren Feind feiern."
> *Antoine de Saint-Exupéry, Citadelle 1948.*[70]

Das oben bereits Angesprochene kann hier wieder nur an einem
Beispiel veranschaulicht werden. Ein Beispiel, das zudem zeigt,

---

[70] Zit. nach der deutschen Ausgabe: Düsseldorf 1956, 33.

40

wie sehr der Sensus für die Bedeutung bestimmter Riten der Liturgie und das Wissen um den engen Zusammenhang von Bedeutung und präsentativer Symbolik[71] bereits vor der Liturgiereform fehlte.

Artikel 34 der Liturgiekonstitution *Sacrosanctum Concilum* sagt: „Die Riten mögen den Glanz edler Einfachheit an sich tragen und knapp, durchschaubar und *frei von unnötigen Wiederholungen* sein"[72]. Als in der Konzilsaula die berechtigte Frage aufkam, was denn unter solchen „unnötigen Wiederholungen" zu verstehen sei, wurden „einige Kreuzzeichen" angegeben[73]. Im Blick hatten die Konzilsväter dabei mit Sicherheit v.a. die zahlreichen Kreuzzeichen, die im römischen Kanon vor und nach der Konsekration über Hostie und Kelch gemacht werden. Bereits Papst Innozenz III. fragte, wozu denn nach der Konsekration noch das Zeichen des Segens über die Opfergaben notwendig sei[74].

---

[71] Vgl. Alfred LORENZER, Das Konzil der Buchhalter, Frankfurt-/Main 1984, 180-193; 186 bezieht sich Lorenzer explizit auf das im folgenden anzusprechende Beispiel.

[72] Ritus nobili simplicitate fulgeant, sint brevitate perspicui et repetitiones inutiles evitent ...

[73] Acta Synodalia Sacrosancti Concilii Oecumenici Vaticani II., vol.II, pars II, Città del Vaticano 1972, 300. Selbst Georg MAY (Die Liturgiereform des Zweiten Vatikanischen Konzils, in: Hansjakob Becker [Hg.], Gottesdienst - Kirche - Gesellschaft, St.Ottilien 1991, 81) betrachtet dieses Beispiel als „harmlos".

[74] De sacro altaris mysterio V, 14 (MPL 217, 887-888).

Interessant ist in unserem Zusammenhang, daß auch Thomas die Frage der Kreuzzeichen aufgegriffen hat. In seiner Quaestion über den Ritus des Altarsakramentes macht er sich selbst und der *consuetudo* der Kirche - gemäß der Struktur der scholastischen *quaestio*[75] - den an Innozenz angelehnten Einwand:

„Was bei den Sakramenten der Kirche getan wird, darf nicht wiederholt werden. Es ist also unangebracht, daß der Priester die Kreuzzeichen über dieses Sakrament wiederholt"[76].

Er antwortet auf diesen Einwand auf zweifache Weise:

(1) Zum einen begründet er die Konvenienz der zahlreichen Kreuzzeichen: sie alle bezeichnen die Vergegenwärtigung des Leidens und Opfertodes Jesu Christi und weisen so unaufhörlich auf das hin, was dic hl. Messe ist: sakramentale Vergegenwärtigung des Kreuzesopfers Christi, mit dem sie substantiell identisch ist (IIIa q.83, a.1; In Hebr. 10 lect.1)[77].
(2) In seiner direkten Reaktion auf den oben formulierten Einwand antwortet der Aquinate auf diesen, indem er - in der Tra-

---

[75] Vgl. PESCH, Thomas von Aquin, 88-93.

[76] IIIa q.83 a.5: Praeterea, ea quae in sacramentis Ecclesiae aguntur, non sunt iteranda. Inconvenienter igitur sacerdos multoties iterat crucesignationes super hoc sacramentum.

[77] Vgl. Bernard LUCIEN, Das Opfer nach der „Summa Theologiae" des heiligen Thomas von Aquin, in: CIEL (Hg.), Altar und Opfer, Poissy 1997, 34-67.

42

dition der allegorischen Messerklärung stehend - die Bedeutung der Kreuzzeichen erklärt:

„Der Priester macht bei der Feier der Messe das Kreuzzeichen, um das Leiden Christi auszudrücken, das am Kreuze abgeschlossen wurde. Das Leiden Christi ist aber sozusagen stufenweise vor sich gegangen. Denn das erste war die Auslieferung Christi; sie geschah durch Gott, durch Judas und die Juden. Das bezeichnet das dreifache Kreuzzeichen bei den Worten: 'Diese Geschenke, diese Gaben, diese heiligen, unbefleckten Opfer'.

Das Zweite war der Verkauf Christi. Er wurde aber verkauft an die Priester, Schriftgelehrten und Pharisäer. Um dies zu bezeichnen, wird wieder ein dreifaches Kreuzzeichen gemacht bei den Worten: 'gesegnet, eingeschrieben, gültig.' - Oder um den Kaufpreis, nämlich die dreißig Silberlinge, zu bezeichnen. - Hinzugefügt wird aber noch ein doppeltes Kreuzzeichen bei den Worten 'Damit uns Leib und Blut usw.', um die Person des verkaufenden Judas und des verkauften Christus zu bezeichnen.

Das Dritte aber war die Vorausbezeichnung des Leidens Christi, die beim Abendmahl geschah. Um dies zu bezeichnen, werden an dritter Stelle zwei Kreuze gemacht, das eine bei der Konsekration des Leibes, das andere bei der Konsekration des Blutes, wo beide Male gesagt wird: 'Er segnete.'

Das Vierte war das Leiden Christi selber. Daher wird, um die fünf Wunden zu vergegenwärtigen, an vierter Stelle ein fünffaches Kreuzzeichen gemacht bei den Worten: 'Ein reines Opfer, ein heiliges Opfer, ein unbeflecktes Opfer, das heilige Brot des ewigen Lebens und den Kelch des ewigen Heiles.'

Als Fünftes wird das Ausstrecken des Leibes und das Vergießen des Blutes und die Frucht des Leidens vergegenwärtigt durch das dreifache Kreuzzeichen, das bei den Worten gemacht wird: 'Den Leib und das Blut empfangen, mit allem Segen usw.'.

Als Sechstes wird das dreifache Gebet vergegenwärtigt, das Christus am Kreuze verrichtet hat: eines für die Verfolger, als Er sprach: 'Vater verzeihe ihnen', das zweite, um Befreiung vom Tode, als Er sprach: 'Gott, Mein Gott, warum hast Du Mich verlassen?', das dritte betrifft die Erlangung der Herrlichkeit, als Er sprach: 'Vater, in Deine Hände empfehle ich Meinen Geist.' Und um dies zu bezeichnen, wird ein dreifaches Kreuzzeichen gemacht bei den Worten : 'Du heiligst, belebst, segnest usw.'

Als Siebtes werden die drei Stunden vergegenwärtigt, während welcher Er am Kreuze hing, nämlich von der sechsten bis zur neunten Stunde. Um dies zu bezeichnen, wird wieder ein dreifaches Kreuzzeichen gemacht bei den Worten: 'Durch Ihn und mit Ihm und in Ihm'.

Als Achtes aber wird die Trennung der Seele vom Leibe vergegenwärtigt, durch die zwei darauffolgenden, außerhalb des Kelches gemachten Kreuze.

Als Neuntes endlich wird die am dritten Tage erfolgte Auferstehung vergegenwärtigt durch die drei Kreuze, welche bei jenem Worte gemacht werden: 'Der Friede des Herrn sei immer mit euch.'

Man kann aber auch kürzer sagen, daß die Weihe dieses Sakramentes und die Annahme des Opfers und seine Frucht aus der Kraft des Kreuzes Christi hervorgehen. Und darum macht der Priester, wo immer eines davon erwähnt wird, das Kreuzzeichen" (IIIa q. 83 a. 5 ad 3).

Weil also die substantielle Identität von Kreuzes- und Meßopfer die Mitte der Liturgie ausmacht, so weisen diese Kreuzeichen immer wieder auf diese Mitte hin. Wie keine der Handlungen Jesu, der *mysteria vitae Christi* nebensächlich war[78], so kann keine der Zeremonien der Liturgie, die alle auf ein Geheimnis aus dem Leben Jesu hindeuten, als überflüssig gelten.

Thomas greift hier – wie bereits erwähnt - auf die Methode der allegorischen Meßerklärung zurück.

Dabei ist anzunehmen, daß Thomas diese Tradition nicht einfach unkritisch, sondern ganz bewußt übernimmt. Denn diese

---

[78] Vgl. Richard SCHENK, „Omnis Christi actio nostra est instructio". The Deeds and Sayings of Jesus as Revelation in the View of Aquinas, in: StTom 37 (1990) 104-131.

Art die Messe zu erklären, war schon seit ihrer Entstehungszeit im 9. Jahrhundert heftig umstritten. Auch der Kölner Lehrer des hl. Thomas, Albert der Große (+1280), distanziert sich in seinem *Opus de sacrificio missae*[79] explizit von ihr.[80]

Was bedeutet dies im Hinblick auf unsere heutige Situation?

Zu dieser Methode der allegorischen Meßerklärung bemerkt Martin Mosebach treffend: „Ich finde diese Art der Deutung vorbildlich. Sie stellt den sichersten Weg dar, einen Ritus ganz mit Gebet zu erfüllen und Form und Inhalt eins werden zu lassen". Und er rückt diese Aussage noch in einen größeren religionsgeschichtlichen Zusammenhang: „Die chassidischen Juden, diese Zeugen der letzten mystischen Bewegung Europas, haben die Überzeugung ausgesprochen, jedes Wort in ihren heiligen Büchern sei ein Engel. So möchte ich die Rubriken des Missale betrachten lernen: jede Vorschrift des Messbuches als einen Engel sehen. Eine liturgische Handlung, deren Engel ich erkannt habe, wird nie wieder in Gefahr sein, mir als unbeseelt, formalistisch, bloß historisch, durch die Zeiten bis hin zur völligen Sinnlosigkeit mitgeschleppt, zu erscheinen."[81]

Wer mit dem heiligen Thomas zu begreifen beginnt, welche der Zeitlichkeit entrissenen Mysterien die Zeremonien der Liturgie zum Ausdruck bringen und durch ihre Wiederholung in ihrer

---

[79] Vivès 1890, 38, 1-165.

[80] Vgl. die freilich subjektiv gefärbten Bemerkungen von: Joseph A. JUNGMANN, Missarum Sollemnia, I, Wien ²1949, 143-145.

[81] Martin MOSEBACH, Was die klassische römische Liturgie für das Gebet bedeutet, in: PMT 9 (1995) 12-13.

46

Wichtigkeit unterstreichen, auch der wird fähig sein, den Ritus ganz mit Gebet zu erfüllen, der wird sich schwerlich dazu bereitfinden, im integralen Gebilde der Liturgie das auszureißen, was keine direkte Korrelativität mit dem gerade aktuellen Zeitgeist besitzt.

Der Doctor Angelicus wird jenen den Weg weisen, von denen Saint-Exupéry sagt: „Und sie gähnen. Sie haben den Palast in einen Marktplatz umgewandelt, aber sobald ihnen erst die Lust daran vergangen ist, auf dem Marktplatz umherzustolzieren, wissen sie nicht mehr, was sie hier noch tun sollen ... Und sieh, so hängen sie unbestimmten Träumen nach, wie sie ein Haus wieder bauen könnten mit tausend Pforten, mit Vorhängen, die auf die Schulter niedersinken, mit Vorgemächern, die man langsam durchschreitet. So träumen sie von einer verborgenen Kammer, die den ganzen Bau mit Geheimnis erfüllt. Und ohne davon zu wissen, denn sie hatten ihn ja vergessen, beweinen sie den Palast der Väter, in dem alle Schritte einen Sinn hatten ...“[82]

---

[82] Op. cit., 33.

V. ZENTRALE ASPEKTE
DER THOMISTISCHEN LITURGIK

Thomas hat keine „Theologie der Liturgie" als eigenen, in sich abgeschlossenen Traktat geschrieben. Und dennoch gibt es unzweifelhaft so etwas wie eine thomistische Liturgik.

Ähnlich, wie die Philosophie auf der Basis von in dem gigantischen Werk des hl. Thomas verstreuten Äußerungen zu der Thematik eine thomistische Epistemologie zu erarbeiten vermag, ist der nach einer Theologie der Liturgie bei Thomas Suchende auf verschiedene Stellen in seinen großen theologischen Werken, dem Sentenzenkommentar, den Schriftkommentaren, der *Summa contra gentiles*[83] und der *Summa theologiae* verwiesen.[84]

1. Drei leitmotivische Charakteristika des Thomismus

Die überzeitlich-universale Bedeutung des Thomismus besteht nicht in bestimmten, zeitverhaftet-ausgefallenen und eher sekundären Positionen, die auch der Aquinate und seine Schule

---

[83] Entgegen der landläufigen Meinung ist die Summe gegen die Heiden keine „philosophische Summe", sondern ein genuin theologisches Werk: vgl. Helmut HOPING, Weisheit als Wissen des Ursprungs, Freiburg/Breisgau 1997, 70-120; zu den problematischen Punkten dieser Arbeit: BERGER, Rez., in: Lebendiges Zeugnis 53 (1998) 314-315.

[84] Vgl. WALSH, Liturgy, 559.

hie und da einnehmen. Sie findet sich vielmehr in dem, was
man als „Leitmotive" dieser philosophisch-theologischen Synthese bezeichnen könnte: Kernthesen, Gipfelpunkte oder
Schlüsselstellen[85], die gleichsam die archimedischen Punkte
dieses Denkens bilden und um die sich eine Vielzahl weiterer
bei Thomas und den Thomisten anzutreffender Vorstellungen
sehr unterschiedlicher Bedeutung gleich konzentrischen Kreisen
legen: „Gerade sie sind das Licht des Thomismus und bilden
unter dem Buchstaben seinen immerdar lebendigen Geist"[86].
Auf drei dieser in unserem Zusammenhang wichtigen, eher allgemeinen Leitmotive soll hier zunächst kurz eingegangen werden, um dann zu den die Liturgie enger und ausschließlicher[87]
berührenden Leitmotiven fortzuschreiten.

Analektik als Methode des Thomismus

Es war der Freiburger Philosoph Bernhard Lakebrink, der darauf hingewiesen hat, daß nicht nur das typisch neuzeitliche
Denken Hegels, sondern ebenfalls jenes des Aquinaten „nach
strenger Methode verläuft, deren Geist diese breit angelegten

---

[85] Ibid., 562: „key idea".
[86] GARRIGOU-LAGRANGE, Mystik und christliche Vollendung,
325.
[87] Vollständige Ausschließlichkeit ist nie gegeben, da es sich bei dem
Werk des hl. Thomas um eine vollkommene Synthese handelt, in der
jedes Element mit dem anderen in einem organischen Lebensaustausch
steht.

und diffizil ausgeführten Konstruktionen bis in die letzten Winkel hinein inspiriert"[88] Für diese Methode hat Lakebrink die treffende Bezeichnung „Analektik" geprägt: „Eine natürliche und ungezwungene Haltung und Ausgeglichenheit dem Kosmos gegenüber, die Absage an alles Extreme, der Blick aufs Ganze, dessen Priorität vor allen Teilen, mag es innerhalb des Ganzen noch so gespannt und unterschiedlich zugehen - diese Methode der Zusammenschau alles dessen, was ist, dieses Gespür für die netzartige Verwandtschaft aller Dinge und die Organizität des Seienden im Ganzen, den ständigen Versuch, im noch so Differenten die ursprüngliche Mitte auszuloten, dieses Denken, das nichts übersieht, allem Sein das Seine gewährt und seinsgerecht verfährt ... nennen wir *Analektik*"[89].

Nicht nur wenn es darum geht, innerhalb der Philosophie Akt und Potenz, Sein und Wesen zu vermitteln, in der Theologie eine gerechte Relationsbestimmung von Natur und Gnade, Ratio und Glaube, Philosophie und Theologie zu finden, ist diese Methode von unersetzlichem Wert. Auch in der thomistischen Liturgik ist sie - wie weiter unten noch ausführlich deutlich werden wird - die Grundstimmung, die zwischen Materie und Form, Leib und Seele, Gott und Mensch, *signum* und *causa*, in-

---

[88] Bernhard LAKEBRINK, Perfectio omnium perfectionum, Città del Vaticano 1984 (StTom 24), 9.
[89] ID., Klassische Metaphysik, Freiburg/Breisgau 1967, 8.

nerem Gehalt und äußerer Gestalt, latreutischem und soteriologischem Kultzweck, Klerus und Laien etc. vermittelt.[90]

Die Analektik ist auch die Grundlage der thomistischen Ästhetik.[91] Denn die noch sehr allgemeine Definition des Aquinaten: „Pulchra sunt quae visa placent: Schön ist das, dessen Anschauung in uns Wohlgefallen weckt" (Ia q.5 a.4 ad1) wird von ihm genauer gedeutet:

> „Denn zur Schönheit sind drei Dinge erforderlich: Und zwar erstens die Unversehrtheit oder Vollendung; Dinge nämlich, die verstümmelt sind, sind schon deshalb häßlich. Ferner das gebührende Maßverhältnis oder die Übereinstimmung der Teile. Und schließlich die Klarheit; deshalb werden Dinge, die eine strahlende Farbe haben, schön genannt."[92]

Sowohl die Integrität, die die Contrarien im Ganzen zusammenhält und verbindet als auch die Proportion, das geordnete Ebenmaß, das die mannigfachen Teile ohne ihr Eigensein aufzuheben, zum harmonischen Einklang führt, sind die Seele analektischer Welterklärung. Die *claritas* ist dann selbst wieder Produkt

---

[90] WALSH, Liturgy, 579 spricht von einer „balanced presence" dieser Elemente.

[91] Dazu: GRABMANN, Die Kulturphilosophie des hl. Thomas von Aquin, Augsburg 1925, 148-171.

[92] Ia q.39 a.8: ... nam ad pulchritudinem tria requiruntur. Primo quidem integritas sive perfectio; quae enim diminuta sunt, hoc ipso turpia sunt; et debita proportio sive consonantia; et iterum claritas. Unde quae habent colorem nitidum, pulchra esse dicuntur.

dieser *debita proportio*, der *splendor ordinis*: das helle Leuchten der Ordnung (Augustinus).

Die Schönheit ist aber niemals eine „von unten", vom Menschen selbstherrliche entworfene und von seinem subjektiven Empfinden abhängige; dies gilt schon für die natürliche Schönheit.

Die eigentliche Schönheit jedoch ist die Schönheit des Übernatürlichen, die Schönheit, die die natürlicherweise unverdienbare Gnade schenkt:

> „Gratia divina pulchrificat sicut lux: die göttliche Gnade schmückt den Menschen wie das Licht" (In Ps. 23).

Nicht nur jener, der angerührt die Kunstwerke Fra Angelicos[93] betrachtet, der ergriffen die Verse der Dichtung Dantes oder Paul Claudels „Le Soulier De Satin"[94] liest, jener, der den wunderbaren Klängen von Charpentiers Marienvesper oder der „Trois petites liturgies de la Présence Divine" Olivier Messiaens[95] lauscht, wird hier des auf weite Strecken geglückten

---

[93] Giulio Carlo ARGAN, Fra Angelico. Biographisch-kritische Studie, Genf 1955, 9: „Wenn aber, wie wir zu beweisen suchen, die Malerei dieses Dominikanermönchs auf dem festen Grunde der Doktrin ruht und in gewisser Hinsicht als die bildhafte Anwendung der thomistischen Ethik angesehen werden kann, so ist es nicht erstaunlich, wenn die Brüder des hl. Dominikus dem Maler den Beinamen „Angelicus" gegeben haben, um ihn, sozusagen, als den hl. Thomas der Malerei zu bezeichnen."

[94] Vgl. Dominique MILLET-GÉRARD, Claudel thomiste? Paris 1999.

[95] Messiaen hat selbst bemerkt, daß keiner so wie der hl. Thomas den entscheidenden Sinn und die richtungsweisende Kraft der Musik erkannt und in Worte gefaßt hat: „Et comme dit Saint Thomas: la mu-

Versuches einer Verwirklichung der thomistischen Ästhetik gewahr werden.

In höchstem Maße erfüllt die klassische römische Liturgie, insbesondere der Gregorianische Choral, die Kriterien der thomistischen Ästhetik: Ihre ordnungsvolle Ruhe - selbst Ausfluß des sicheren, ganz von der Gnade durchleuchteten Stehens in der Rechtgläubigkeit - wird zur Seele jener wunderbar leuchtenden Schönheit, die sie ungebrochen durch den Wechsel der Jahrhunderte ausstrahlt und die uns zuruft:

„Ich war die Sehnsucht aller Zeiten,

ich war das Licht aller Zeiten,

ich bin die Fülle aller Zeiten.

Ich bin ihr großes Zusammen, ich bin ihr ewiges Einig.

Ich bin die Straße aller ihrer Straßen:

auf mir ziehen die Jahrtausende zu Gott!"[96]

Theozentrischer Sinn für das Geheimnis

All jene Elemente, die der hl. Thomas unter den Begriffen *ritus ab Ecclesia servatus, consuetudo* oder *usus Ecclesiae* sub-

---

sique nous porte à Dieu, 'par défaut de Vérité', jusqu'au jour où Luimême nous éblouira, par excès de Vérité. Tel est peut-être le sens signifiant - et aussi le sens directionnel - de la musique" (Thomas D. SCHLEE u.a. [Hg.], Olivier Messiaen. La Cité céleste, Köln 1998, 131).

[96] Gertrud von LE FORT, Hymnen an die Kirche, München o.J. 23.

sumiert und die wir als Liturgie bezeichnen, nannten die Kirchenväter einfach *mysterion* bzw. *mysteria* - Geheimnis[97].

Um der Liturgie in rechter Weise begegnen zu können, braucht der Mensch Sinn für das Geheimnis.

Eben einen solchen besaß und vermittelt der hl. Thomas, von dem man zurecht gesagt hat, er fürchte weder die Logik noch das Geheimnis, in sehr hohem Maße: „In der Tat führt ihn gerade die Schärfe seiner Logik notwendig dazu, in der Natur Geheimnisse zu erblicken, die auf ihre Weise vom Schöpfer reden, und dieser logische Scharfblick ist es auch, der ihn instand setzt, andere weit erhabenere Geheimnisse machtvoll sichtbar zu machen: die Geheimnisse der Gnade und des innergöttlichen Lebens, die uns ohne die göttliche Gnade unbekannt blieben"[98].

Dieser Sinn für das Geheimnis ist nur möglich in jener objektivistisch-theozentrischen Atmosphäre, die uns heute sosehr abgeht.

Das übernatürliche Geheimnis ist ja nicht die Explikation des Inneren des Menschen, wie der alte und der neue Modernismus uns glauben machen wollen.[99]

Es kommt vielmehr gerade von außen auf den Menschen zu, der es als von einer höheren Dunkelheit geschenkt annehmen darf.

---

[97] Vgl. Klaus GAMBER, Fragen in die Zeit, Regensburg 1989, 42-47.

[98] GARRIGOU-LAGRANGE, Der Sinn für das Geheimnis, Paderborn 1937, 9.

[99] Vgl. Karl RAHNER, Grundkurs des Glaubens, Freiburg/Breisgau 1984, 32-33: „Das Geheimnis ... ist das Selbstverständliche".

Der Zugang zum Göttlichen wird ihm erst wahrhaft möglich, wenn er die Vorgeordnetheit des *patiens divina*[100] begriffen hat.

Hat der Mensch dies erkannt, wird ihm der ganze Abgrund, der zwischen dem Schöpfer und Geschöpf klafft, bewußt. Mit dem der Liturgie zutiefst eigenen Akt der unterwerfenden Anbetung wird er auf diese Erkenntnis reagieren[101].

Besonders in der Gnadenlehre des hl. Thomas, wie sie uns in seinen beiden Summen begegnet, entdeckt man sehr schnell einen gleichermaßen stark antipelagianisch wie antignostischen Zug. - Die beste Garantie dafür, daß das Übernatürliche in seiner Gratuität gewahrt und nicht im Natürlichen aufgeweicht wird. Nicht nur hier tritt dem neuzeitlichen Anthropozentrismus ein konsequenter Theozentrismus gegenüber.

Dieser Zug des Aquinaten kommt auch schön zum Ausdruck, wenn Tocco (cap. 48) berichtet, daß der hl. Thomas etwas höchst befremdlich fand, was wir heute - in einer ganz in einem subjektivistischen Anthropozentrismus versinkenden Zeit[102] –

---

[100] Ia q.1 a.6 ad 3: Hierotheus doctus est non solum discens, sed et patiens divina (Dionysius Areop.)

[101] Marie-Dominique PHILIPPE, Gott allein. Anbetung und Opfer, Aschaffenburg 1959, 8.

[102] Treffend stellt Walter HOERES, Gottesdienst als Gemeinschaftskult, 9 fest: „Erstens führt der Weg auch hier konsequent von der Theozentrik zur Anthropozentrik. Immer wieder wird uns von den Wortführern permanenter liturgischer Revolution wie Klemens Richter in Münster eingeschärft, wir sollte die Engführungen früherer Zeiten vermeiden und die Messe nicht so sehr als Kult, als Opfer, sondern

allzu oft nicht nur in der Predigt, sondern auch in anderen Teilen der Liturgie, erleben müssen: wenn jemand in der Predigt von etwas anderem als von Gott oder dem, was auf diesen hingeordnet zur Erbauung der Seelen dient, redete.[103]

Gesunder Respekt vor der Tradition

Was der heute allgemein verbreiten Einstellung zur Liturgie am schmerzlichsten fehlt, ist, neben dem Gespür für das geheimniserfüllte Heilige, die Einsicht in den die Tradition bewahrenden Charakter der Liturgie. Kardinal Stickler hat auf diesen allzu oft übersehenen und in der Praxis vernachlässigten Punkt hingewiesen und gemahnt, daß der Kult „mit großer Sorgfalt bewahrt werden will, also wesentlich bewahrend ausgerichtet ist und jede weitere Entwicklung mit großer Vorsicht bedacht werden muß"[104].

Voraussetzung dafür ist aber der gesunde (eben analektische) Respekt resp. die Ehrfurcht vor der Tradition. Eben einen solchen aber können wir von Thomas lernen.

---

vielmehr als Tun Gottes am Menschen begreifen, so als ginge es hier im Gegensatz zu allen großen Theologen und allen Konzilien nicht so sehr um die Anbetung und Verherrlichung des Allerhöchsten und dementsprechend um ein Sühnopfer, sondern vor allem um das menschliche Wohl."

[103] Admirabatur plurimum, ut ex eius ore frequentius est auditum, quomodo aliquis et praecipue religiosi possent de alio nisi de Deo loqui, aut de his, quae aedificationi deserviunt animarum.
[104] In: NYSSEN (Hg.), Simandron, 17.

Was Torrell[105] zunächst ganz allgemein und nicht ohne dadurch implizit einen Kontrast zur Theologie der Gegenwart herzustellen, von den Scholastikern schreibt, daß sie ihr Handwerk nicht in der Isolation betreiben oder gar Originalität um jeden Preis suchen, sondern sich vielmehr zu einem Echo der Tradition machen wollen, gilt ebenso für den Aquinaten. Dies wußte schon der bekannteste Kommentator der theologischen Summe des hl. Thomas, der aufgrund seiner tiefen Kenntnis dieses Werkes zu dem Ergebnis kam, der hl. Thomas habe dieses großartige Werk vor allem deshalb zu schaffen vermocht, „weil er die alten Lehrer aufs höchste verehrte"[106].

Während der Neuzeit ihre „Galerie der edlen Geister" nur noch dazu dient, sich von ihr dialektisch abzuheben, ordnet sich der engelgleiche Lehrer „dem Chor der *auctoritates* ein, und er ordnet sich ihm auch unter". Diese Unterordnung jedoch ist keine servil-geistlose: „Aus der Ferne sehen wir seine Zugehörigkeit zur Tradition; allein aus der Nähe, im wirklichen Durchdringen seines Gedankens, können wir das unverwechselbare Antlitz dieses Denkens erblicken."[107]

---

[105] TORRELL, Maître spirituel, 507: „le théologien ne pense pas en isolé et il ne recherche pas l'originalité à tout prix, il se veut l'écho d'une tradition."

[106] CAJETAN, In II-II S.th. q.148 a.4 in fin (Leon X, 174): „Thomas Aquinas ... veteres doctores sacros quia summe veneratus est, ideo intellectum omnium quodammodo sortitus est ..."

[107] Wilhelm METZ, Die Architektonik der Summa Theologiae des Thomas von Aquin. Zur Gesamtsicht des thomasischen Gedankens, Hamburg 1998, 9.

2. Die leib-seelische Einheit des Menschen
und die Liturgie

Liturgie als System von Zeichen

Liturgie, betrachtet man sie zunächst mit einem eher vortheologischen Auge, stellt sich dar als System von Zeichen[108] und Symbolen, die den Sinnen des Menschen zugänglich sind. Diese Zeichen schließen sich aber nicht in den Bereich des Sinnlichen ein. Sie weisen als solche auf jene unsichtbaren, geistigen Wirklichkeiten hin, die sie zur Darstellung zu bringen suchen.

Um im Fall der Liturgie diese Wirklichkeit als heilig bzw. übernatürlich zu erkennen, ist der Glaube resp. die Glaubenswissenschaft nötig. Die Liturgie läßt sich also zunächst als sinnenfälliges Zeichensystem heiliger, unsichtbarer Wirklichkeit beschreiben[109]
Diese Beschreibung der Liturgie kommt dem sehr nahe, was der hl. Thomas über das Wesen des Sakramentes lehrt, was aber in dieser allgemeinen Form auch für die Sakramentalien, Zeremonien und Gebete zutrifft[110]:

---

[108] Zum Genus des Zeichens: Johannes A S. THOMA, Logica II qq. 21-22.
[109] VAGAGGINI, Theologie der Liturgie, 29-31.
[110] Auch im Hinblick auf die klare Unterscheidung zwischen den sieben Sakramenten und den übrigen liturgischen Handlungen der Kirche hat sich der hl. Thomas große Verdienste erworben: vgl. Ia-IIae q.108

„Sakrament wird genannt, was Zeichen einer heiligen Sache ist ..., insofern sie die Menschen heilig macht"[111].

Es kann für den Aquinaten, der die Freiheit Gottes in seinem Denken wie keiner sonst zu wahren wußte, kein Zweifel sein, daß Gott den Menschen auch anders denn über sinnenfällige Zeichen zur übernatürlichen Gemeinschaft mit sich berufen und zum ewigen Heil führen kann. Warum hat er dennoch diesen Weg gewählt? Warum ist es konvenient, daß Gott seine heiligende Gnade in „körperlichen Dingen"[112] schenkt?

Der Mensch als von Natur aus liturgisches Wesen

Es gehört mit zu den großen philosophischen Leistungen des Thomas, daß er jene arabischen Philosophen, welche die Wesenszugehörigkeit des Leibes zur menschlichen Person ablehnten (besonders Averroes), mit Hilfe des Aristoteles und gelenkt von der göttlichen Offenbarung als Leitstern, widerlegte und dabei zugleich allzu starke platonische Einflüsse im christlichen Raum (etwa bei Origenes[113]), die den Leib nur als Strafübel akzeptieren konnten, zurückdrängte.

---

a.2 ad 2. Trotz dieser Unterscheidung findet aber noch keine Trennung statt, die die systematische Sakramentenlehre von der Liturgik absondert: GONZÁLEZ FUENTE, La teologia nella liturgia, 356.

[111] IIIa q.60 a.2: Et ideo proprie dicitur sacramentum quod est signum alicujus rei sacrae ... inquantum est sanctificans homines. - vgl. die Aufnahme dieses Gedankens in den KKK Nr.1084.

[112] De art. fidei et eccl. sacr. (Marietti nr. 614).

[113] Vgl. ScG III, 83.

Unbeschadet der realen Verschiedenheit der beiden Substanz-
komponenten des Menschen, Leib und von Natur aus unzer-
störbare und unsterbliche Seele, ist ihm der Mensch vielmehr
ein „unum simpliciter" (Ia q.76 a.1). Eine Substanzeinheit aus
der Seele als aktuierendem und dem Leib als diese Wirklich-
keitssetzung ermöglichendem Prinzip. Die Seele ist die einzige
substantielle Form des Körpers, welcher der Erstmaterie entspricht. Nur mit Hilfe dieser Erstmaterie kann sich die Form
entfalten und ihre Anlagen vervollkommnen (Sth I, 76,1 und
4)[114].

Deshalb wird die Zugehörigkeit des Leibes bzw. der Materie
zur menschlichen Person vom engelgleichen Lehrer aufs
bestimmteste betont und damit der Leib natürlich geadelt, um
ihn zum Aufstieg ins Königreich der Gnade vorzubereiten.

Die für seine Zeit außergewöhnliche Betonung des Leibes für
die menschliche Person wirkt sich bei Thomas natürlich auch
auf die vornehmste Tätigkeit des Menschen: das Erkennen aus.
Unumstößlich gilt ihm, daß alle Erkenntnis bei den Sinnen beginnt (*omnis cognitio incipit a sensu*): „Vor allem zeigt sich im
menschlichen Denken diese Wesens- und Seinseinheit von Leib
und Seele. Was die Sinneserkenntnis betrifft, so ist nach der au-
gustinisch gerichteten Scholastik die Seele deren Subjekt, für
Thomas hingegen ist Träger und Subjekt der Sinneserkenntnis
das Kompositum aus Leib und Seele, der ganze Mensch. Damit

---

[114] Vgl. auch: DH 3616 und Robert E. BRENNAN, Thomistische Psychologie, Heidelberg 1957, 64-67.

60

ist der Leib in viel höherem Maße hineingezogen in die für das ganze Seelenleben des Menschen bedeutsame und grundlegende Sinneserfahrung ... Nach der thomistischen Erkenntnislehre ist das der sinnlich-geistigen Natur des erkennenden menschlichen Subjekts konforme adäquate Objekt des geistigen Erkennens das Wesen der körperlichen Dinge. Während die sensitive Erkenntnis innerlich von körperlichen Organen abhängig ist, ist das geistige Erkennen des Menschen zwar innerlich und subjektiv vom Körper unabhängig, aber objektiv und äußerlich hinsichtlich des Denkinhaltes in der Weise abhängig, daß unser Intellekt nicht bloß für die geistige Erkenntnis des Körperlichen, sondern auch für die Erfassung reingeistiger Gegenstände, die zuleitende und vermittelnde Tätigkeit der sensitiven Seelenvermögen voraussetzt"[115].

Weil dieselben epistemologischen Gesetzmäßigkeiten in analoger Form auch im übernatürlichen Seelenleben gelten[116], ist es im Hinblick auf das Wesen des Menschen im höchsten Maße konvenient, daß Gott seine Gnade in den sichtbar-schönen Zeichen der Liturgie vermittelt, daß auch übernatürliche Erkenntnis und von der Gnade gelenkter Wille hier ihren Ausgangspunkt nehmen:

> „Es ist dem Menschen natürlich, daß er durch das Sinnliche zur Erkenntnis des Geistigen gelange. Ein Zeichen aber be-

---

[115] Martin GRABMANN, Die Kulturphilosophie, 47-48. Vgl. auch: DH 3619: Cognitionem ergo accipimus a rebus sensibilibus.

[116] Richard MARIMON, De oratione. Juxta S. Thomae doctrinam, Rom-Puerto Rico 1963, 151-163.

steht dadurch, daß einer durch es zur Erkenntnis von etwas anderem gelange. Weil daher die heiligen Dinge, die durch die Sakramente zeichenhaft bedeutet werden, geistliche und geistige Güter sind, durch die der Mensch geheiligt wird, so folgt, daß die Zeichenhaftigkeit der Sakramente sich erfülle in sinnenfälligen Dingen; wie auch in der Heiligen Schrift die geistlichen Dinge uns beschrieben werden durch das Gleichnis sinnenfälliger Dinge. Und so kommt es, daß zu den Sakramenten sinnenfällige Dinge erforderlich sind."[117]

Insofern können wir davon sprechen, daß der Mensch von seiner gottgeschenkten Natur her ein liturgisches Wesen bzw. die Liturgie als sinnenhafter Ausdruck der Religion dem Menschen konatural ist[118].

Papst Pius XII. hat diese zutiefst thomistische Option in seine Enzyklika *Mediator Dei* aufgenommen: „Der gesamte Kult, den die Kirche Gott darbringt, muß äußerlich und innerlich sein. Äußerlich, weil es so das Wesen des aus Leib und Seele zu-

---

[117] IIIa q.60 a.4: Est autem homini connaturale ut per sensibilia perveniat in cognitionem intelligibilium. Signum autem est per quod aliquis devenit in cognitionem alterius. Unde cum res sacrae, quae per sacramenta significantur, sint quaedam spiritualia et intelligibilia bona, quibus homo sanctificatur, consequens est ut per aliquas res sensibiles significatio sacramenti impleatur; sicut etiam per similitudinem sensibilium rerum in divina Scriptura res spirituales nobis describuntur. Et inde est quod ad sacramenta requiruntur res sensibiles ...

[118] Deshalb aber wie Walsh (Liturgy, 575) davon auszugehen, daß Thomas auch die Kultformen der nichtchristlichen Religionen als legitime Formen der Gottesverehrung billigt, scheint mir ein unverzeihlicher Anachronismus.

62

sammengesetzten Menschen verlangt; dann weil es von Gott so
gefügt ist, daß 'dieweil wir Gott mit leiblichem Auge erkennen,
er in uns die Liebe zum Unsichtbaren entflammt'; ferner liegt es
in unserer Natur, daß alles Seelische sich sinnenhaften Ausdruck gibt."[119]

Der Jubel der übernatürlich begnadeten Seele, der in den Leib überströmt

Es ergibt sich also schon aus der von Gott geschaffenen Natur
des Menschen, daß der Kult, soll er denn ein ganzheitlicher Akt
des Menschen sein, soll er es dem Menschen möglich machen -
wie der Laudeshymnus des Fronleichnamsfestes *Verbum
supernum* singt -, in seiner Ganzheit genährt zu werden[120], eine
analektische Einheit von innerem Gehalt und äußerer Gestalt
bildet. In diesem Zusammenhang ist das 119. Kapitel des 3.
Buches der *Summa contra gentiles* von besonderer Bedeutung:

> „Weil es aber der menschlichen Natur entspricht, Erkenntnis
> durch die Sinne zu empfangen, und sehr schwierig ist, die
> Sinnendinge zu übersteigen, ist für den Menschen durch
> göttlichen Einfluß vorgesorgt, daß er auch in den Sinnen-
> dingen eine Erinnerung an das Göttliche habe, um dadurch
> das Streben des Menschen stärker auf das Göttliche zu zie-
> hen, auch desjenigen, dessen Geist nicht stark genug ist, das

---

[119] ROHRBASSER, Nr. 231.
[120] Verbum supernum, 3. Strophe: ... Totum cibaret hominem.

Göttliche in sich selbst [d.h. ohne die Einkleidung in Sicht-
bares] zu betrachten.

Und deswegen sind die sichtbaren Opfer geschaffen worden: der Mensch bringt sie Gott nicht dar, weil Gott ihrer
bedarf, sondern damit dem Menschen vergegenwärtigt
werde, daß er sich selbst und all das Seine auf ihn als Ziel
zurückwenden soll, als den Schöpfer, den Lenker und den
Herrn des Alls.

Es bieten sich dem Menschen auch gewisse Heiligungen
durch Sinnendinge, die ihn waschen oder salben, nähren
oder tränken, verbunden mit dem Aussprechen hörbarer
Worte: damit dem Menschen durch Sinnendinge vergegenwärtigt werde, daß sich in ihm ein Wirken geistiger Gaben
vollzieht, die von außen, von Gott stammen, dessen Name
durch hörbare Worte ausgedrückt wird."[121]

---

[121] ScG l.III, c.119: Quia vero connaturale est homini ut per sensus cognitionem accipiat, et difficillimum est sensibilia transcendere, provi-
sum est divinitus homini ut etiam in sensibilibus rebus divinorum ei
commemoratio fieret, ut per hoc hominis intentio magis revocaretur ad
divina, etiam illius cuius mens non est valida ad divina in seipsis con-
templanda. Et propter hoc instituta sunt sensibilia sacrificia: quae homo Deo offert, non propter hoc quod Deus eis indigeat, sed ut reprae-
sentetur homini quod et seipsum et omnia sua debet referre in ipsum
sicut in finem, et sicut in Creatorem et Gubernatorem et Dominum u-
niversorum. Adhibentur etiam homini quaedam sanctificationes per
quasdam res sensibiles, quibus homo lavatur aut ungitur, aut pascitur
vel potatur, cum sensibilium verborum prolatione: ut homini reprae-
sentetur per sensibilia intelligibilium donorum processum in ipso ab
extrinseco fieri et a Deo, cuius nomen sensibilibus vocibus exprimitur.

Diese Auffassung des hl. Thomas kommt auch besonders schön und nachdrücklich in der *Prima Secundae*, wo der allgemeine Lehrer vom alttestamentlichen Gesetz und den rituellen Vorschriften spricht (Ia-IIae qq.101-103), zum Ausdruck. Sie wird aber auch sehr gut deutlich, wo es im zweiten Teil der *Secunda* um Religion und Kult (IIa-IIae qq. 81-100) geht. Wir müssen uns hier wieder auf einige Beispiele beschränken[122]:

Auf die Frage, ob zur Verehrung Gottes ein äußerer Akt hinzugehört, antwortet der große Gottesgelehrte:

„Wir bezeugen Gott Hochachtung und verehren ihn nicht wegen seiner selbst - er ist ja der Herrlichkeit voll, so daß ihm kein Geschöpf noch etwas hinzufügen kann, sondern unseretwegen, denn dadurch daß wir Gott hochachten und ehren, unterwirft sich ihm unser Geist, und darin besteht dessen Vollendung.

Jedes Ding nämlich findet seine Vollendung dadurch, daß es sich dem über ihm Stehenden unterwirft, wie z.B. der Leib dadurch, daß er durch die Seele belebt wird, und die Luft dadurch, daß sie durch die Sonne erleuchtet wird. Des Menschen Geist aber bedarf, um sich Gott zu verbinden, der Führung durch das Sinnenhafte ... Daher muß man bei der kultischen Gottesverehrung Körperliches einsetzen, damit

---

[122] Vgl. neben den genannten Beispielen: IIa-IIae q.84 a.2 (Anbetung als äußerer Akt); ibid., a.3 (Anbetung an einem bestimmten Ort); ibid., q.85 (Opfer als höchster Akt der Religion).

dadurch, gleichsam mit Hilfe gewisser Zeichen, das menschliche Innenleben zu geistigen Akten, die mit Gott verbinden, angeregt wird."[123]

Eine ähnliche Argumentation finden wir u.a. dort, wo es um den Wert des lauten Betens geht.

Während sich die laute *oratio communis* schon allein mit deren ekklesialer Dimension begründen lässt, erklärt sich der große Wert des lauten Betens insgesamt (also einschließlich der *oratio singularis*) aus der leib-seelischen Konstitution des Menschen: Will der Mensch Gott mit allem, was er von ihm geschenkt bekommen hat, dienen, so wird er nicht nur mit dem Geist, sondern dem ganzen Körper, also auch den Lippen, beten; ja die Freude und der Jubel der von Gott begnadeten Seele können gar nicht anders, als dieses Erfülltsein der Seele auch auf den Kör-

---

[123] IIa-IIae q.81 a.7: Respondeo dicendum, quod Deo reverentiam, et honorem exhibemus, non propter seipsum, quia ex seipso est gloria plenus, cui nihil a creatura adjici potest; sed propter nos, quia videlicet per hoc quod Deum reveremur, et honoramus, mens nostra ei subjicitur: et in hoc ejus perfectio consistit: quaelibet enim res perficitur per hoc quod subditur suo superiori; sicut corpus per hoc quod vivificatur ab anima; et aer per hoc quod illuminatur a sole: mens autem humana indiget ad hoc quod conjungatur Deo, sensibilium manuductione; quia invisibilia Dei per ea, quae facta sunt, intellecta conspiciuntur, ut Apost. dicit Rom 1.; et ideo in divino cultu necesse est aliquibus corporalibus uti, ut eis quasi signis quibusdam mens hominis excitetur ad spirituales actus, quibus Deo conjungitur (dt. Übersetzung von Josef Groner, in: Arthur F. UTZ, Religion - Opfer - Gebet - Gelübde, Paderborn 1998, 155). Vgl. auch Ia-IIae q.101 a.2.

per überfließen zu lassen: Laetatum est cor meum, et exultavit linqua mea ...[124]

Auch die theologiegeschichtlich wie systematisch interessante Frage nach der Erlaubtheit heiliger Bilder gehört in diesen Kontext. Schon die Heilige Schrift bedient sich bildlicher Redeweisen, was Thomas als konvenient betrachtet. Wird doch der Mensch aufgrund seiner leib-seelischen Konstitution von den Sinnesdingen zu den geistigen geführt. Der Strahl Gottes kann - wie Thomas im Anschluß an Dionysius sagt - unserer beschränkten, stets im Helldunkel schwankenden Erfassungsgabe „nicht anders leuchten als verhüllt unter dem bunten Wechsel heiliger Schleier"[125].

Ein weiterer Grund, den Thomas für die Legitimität heiliger Bilder - trotz Ex 20,4 anführt - ist doch ein noch weitaus tieferer:

> „Da aber im Neuen Testament Gott Mensch geworden ist, kann Er in einem körperlichen Bild angebetet werden."[126]

---

[124] IIa-IIae q.83 a.12: ut scilicet homo Deo serviat secundum illud totum, quod ex Deo habet, idest non solum mente, sed etiam corpore ... tertio adjungitur vocalis oratio ex quadam redundantia ab anima in corpus, ex vehementi affectione, secundum illud Ps. 15: 'Laetatum est cor meum, et exultavit lingua mea. Dazu auch: Maidl, Desiderii interpres, 268-270.

[125] Ia q.1 a.9: Impossibile est nobis aliter lucere divinum radium, nisi varietate sacrorum velaminum circumvelatum.

[126] IIIa q.25 a.3: Sed quia in novo Testamento Deus factus est homo, potest in sua imagine corporali adorari.

Tatsächlich erst jetzt, wenn der Mensch der Inkarnation des Logos als dem Angelpunkt der Weltgeschichte ansichtig geworden ist, wird das oben bereits geschilderte Paradox der analektischen Substanzeinheit von Materie und Geist verständlich.

Mit der Inkarnation des Logos wird aber nicht nur die Verknüpfung von Geist und Materie erhellt, sie lenkt unseren Blick auch auf das tiefste Prinzip der Liturgie, das uns im folgenden beschäftigen wird.

3. Der Gottmensch und die Liturgie

Die Rückkehr des gefallenen Menschen zu Gott

Im Kontrast zur heute Theorie wie Praxis weiter Teile der katholischen Kirche beherrschenden anthropozentrischen Wende des Denkens, ist die gesamte Theologie des Aquinaten strikt theozentrisch ausgerichtet[127]:

> „Gott ist der einende Leitgedanke der Theologie, von dem alles andere beherrscht wird: entweder Gott selbst oder die

---

[127] Vgl. die brillante Studie von: Johannes STÖHR, Die thomistische Theozentrik der Theologie und neuzeitliche Auffassungen, in: StTom 13 (1981) 87-107. Daneben: Markus GUMANN, Vom Ursprung der Erkenntnis des Menschen, Regensburg 1999, 36-50. Auf die mit den in diesem Kapitel angesprochenen Punkten eng zusammenhängende Diskussion um Struktur und Aufbauplan der *Summa theologiae* kann hier nicht eingegangen werden: vgl. dazu: TORRELL, Magister Thomas, 168-170.

Dinge, insofern sie eine Hinordnung auf Gott als ihren Ausgang und ihr Ziel besitzen."[128]

Alles betrachtet die *sacra doctrina*, die Glaubenswissenschaft, vom Standpunkt Gottes aus, denn sie ist - über die Offenbarung, von der sie ausgeht - Teilhabe am Wissen Gottes selbst (Sth Ia q.1 a.2).

Gott, als der reine Seinsakt, das *ipsum Esse subsistens*: das subsistierende Sein selbst (DH 1623), ist das Prinzip und das Ziel aller Dinge, das Alpha und das Omega der gesamten Schöpfung (Sent I d.2 div.). Gleichsam in einer Kreisbewegung - der Bewegung, die von allen die vollkommenste ist[129] - geht der Mensch in der Schöpfung, die untrennbar mit seiner Erhebung in den Stand der Gnade verbunden ist, aus Gott hervor und strebt zu Gott als dem Ziel all unserer Handlungen und unserer Sehnsüchte[130] zurück. Objektiv möglich gemacht wird diese Rückkehr dem Menschen, nachdem er von ihr in der Sünde abgefallen war und zu der er dennoch mit einem natürlichen, unausrottbaren, aber aus sich unwirksamen Verlangen tendiert

---

[128] Ia q.1 a.7: Omnia autem tractantur in sacra doctrina sub ratione Dei: vel quia sunt ipse Deus; vel quia habent ordinem ad Deum, ut ad principium et finem.

[129] ScG III, c.82: motus circularis inter omnes motus est maxime perfectus.

[130] IIa-IIae q.4 a.2 ad 3: finis omnium desideriorum et actionum nostrarum.

(desiderium naturale ex se inefficax)[131], im wunderbaren Geheimnis der Menschwerdung Gottes:

> „Die ganze Schöpfung Gottes kommt durch die Menschwerdung zum Abschluß. Denn der Mensch, der zuletzt geschaffen wurde, kehrt - gleichsam den Kreislauf schließend - zu seinem Ursprung zurück, indem er sich - das letzte Werk der Schöpfung - mit dem Urgrund aller Dinge im Werk der Menschwerdung eint"[132].

> „Daher kehren alle Flüsse der natürlichen Güter zu ihrem Anfangsgrund zurück, wenn durch das Mysterium der Menschwerdung die menschliche Natur Gott verbunden wird."[133]

---

[131] Vgl. Trin 6,4 ad 5: Quamvis enim homo naturaliter inclinetur in finem ultimum, non tamen potest naturaliter illum consequi, sed solum per gratiam, et hoc est propter eminentiam illius finis. Zu diesem vieldiskutierten Punkt: Franziscus SYLVESTRIS de FERRARA, Comment. In S.c.G. III c. 51; Hermann LAIS, Die Gnadenlehre des hl. Thomas in der Summa contra Gentiles, München 1951, 39-67; Yves FLOUCAT, Vocation de l'homme et sagesse chrétienne, Paris 1989, 246-247.

[132] Comp. theol 201: Perficitur etiam per hoc quodam modo totius operis divini universitas, dum homo, qui est ultimus creatus, circulo quodam in suum redit principium, ipsi rerum principio per opus incarnationis unitus; vgl. auch: IIIa q.1 a.2 und ScG IV, 54.

[133] Sent III prol.: Et ideo quando humana natura per incarnationis mysterium Deo coniuncta est, omnia flumina naturalium bonitatum ad suum principium reflexa redierunt.

Die menschliche Natur Christi, auf einzigartige Weise substantial mit der göttlichen Natur in der Hypostase des Logos geeint, ist für uns der Weg zum Vater.[134]

Die Instrumentalursächlichkeit der menschlichen Natur Jesu

Diese Rückkehr zu Gott wird den Menschen also durch das Geheimnis der Inkarnation möglich gemacht. Aus freiem gnädigen Ratschluß und im Hinblick auf die Sünde der Menschheit verband sich die göttliche Person mit der menschlichen Natur. Die menschliche Natur subsistiert in dieser hypostatischen Union ganz in der Person des Logos - die höchste Einigung von Gott und Geschöpf, die es möglich macht, daß in jener Natur die Genugtuung und Erlösung von der Sünde stattfand, in der gesündigt worden war.[135]

Die Rolle der Annahme der menschlichen Natur durch das ewige Wort des Vaters wird vom hl. Thomas mit Hilfe der unersetzlichen metaphysischen Lehre der Instrumentalursächlichkeit[136] beschrieben: Die göttliche Natur bedient sich des Wirkens der menschlichen Natur

---

[134] Sup. Jo c.VII lect.4 (Marietti nr.1074): Cum enim humanitas sit nobis via tendendi in Deum ...

[135] Vgl. IIIa qq.1-15.

[136] Leo J. ELDERS, Die Metaphysik des Thomas von Aquin, Bd. I, Salzburg 1985, 238: „Die Hauptursache verursacht die Wirkung durch die eigene Kraft, während die instrumentale Ursache dies durch die Kraft tut, die sie von der Hauptursache empfängt."

„wie die Tätigkeit ihres Werkzeugs. Ebenso nimmt die menschliche Natur an dem Wirken der göttlichen Natur teil, wie ein Werkzeug teilnimmt an dem Wirken des Hauptwirkenden."[137]

Auch die Konstitution des Zweiten Vatikanischen Konzils über die heilige Liturgie, *Sacrosanctum Concilium (SC)*, betont diesen Gedanken im Hinblick auf die Ergründung des Wesens der Liturgie in besonderer Weise: „Denn seine Menschheit war in der Einheit mit der Person des Wortes Werkzeug unseres Heiles."[138]

Dabei sollte man sich weder von der wenig differenzierten, doch systemimmanent leicht erklärbaren Abneigung Karl Rahners gegen die Doktrin von der Instrumentalursächlichkeit verunsichern[139], noch darf man sich von den heute etwas mechanisch klingenden Bezeichnungen „Instrument" bzw. „Werk-

---

[137] IIIa q.19 a.1 resp.: ... divina natura utitur operatione naturae humanae sicut operatione sui instrumenti; et similiter humana natura participat operationem divinae naturae, sicut instrumentum participat operationem principalis agentis.

[138] SC 5: Ipsius namque humanitas, in unitate personae Verbi, fuit instrumentum nostrae salutis.

[139] Karl RAHNER, SzT I, 216-217: „Die etwas formalistisch dünne thomistische Lehre von der Instrumentalursächlichkeit Christi." Welch zentrale Bedeutung diese Lehre gerade auch für fundamentale Fragen des Christentums besitzt, habe ich andernorts zu zeigen versucht: Offenbarung und Glaube. Eine fudamentaltheologische Untersuchung, in: UVK 30 (2000) 208-210. Zum Antithomismus Rahners: David BERGER, War Karl Rahner Thomist?, in: Divinitas 43 (2000) 155-199.

zeug" täuschen lassen: Oben haben wir bereits gesehen, daß der Leib gleichsam ein Instrument, ein der Liebe Gottes zu verdankendes Medium der materiellen Verwirklichung der Seele ist. So ist bei Christus die menschliche Natur ein beseeltes Werkzeug der Gottheit, dem untrennbar mit der Gottheit geeint, teil gegeben wird an der göttlichen Kraft selbst und das so auf für die menschlichen Natur zuvor undenkbare Weise geadelt wird[140]. Geadelt auch, weil es uns vom Sichtbaren zur unsichtbaren Liebe des Vaters führen darf.[141] Diese werkzeugliche Kausalität ist der dem Menschen wie der Heilsgeschichte gleichermaßen zuhöchst angemessene Weg, auf dem uns das Heil sowohl von Christus verdient als auch von ihm mitgeteilt wird.[142]

Die kausale Übermittlung des Heiles findet also in sichtbaren Zeichen statt. Kausalität und Zeichen stehen hier, wie Materie und Form, wie Leib und Seele beim Menschen, wie Akt und

---

[140] Vgl. IIIa q.19 a. 1

[141] Thomas (Sth IIa-IIae q.82 a.3 ad 2) beruft sich in diesem Zusammenhang auf die Präfation des Weihnachtsfestes: „ut dum visibiliter Deum cognoscimus, per hunc invisibilium amorem rapiamur."

[142] D. VAN MEEGEREN, De causalitate instrumentali Humanitatis Christi juxta D. Thomae doctrinam, Romae-Venlo 1939, 179: „Dicitur Humanitas Christi divinitatis instrumentum quia Deus voluit incarnationem et redemptivam, unde inter Christi Humanitatem et nostram salutem causalis debet esse relatio, quae relatio juxta divum Thomam efficientem etiam importat causalitatem, quae instrumentalis est dicenda."

Potenz in der Metaphysik, in einem analektischen Verhältnis zueinander.

Damit ist nicht nur der Boden dafür gelegt, die Inkarnation als „Ursakrament" (Carl Feckes), das allen anderen Sakramenten zugrunde liegt und deren organisch - harmonische verbindende Behandlung ermöglicht, zu betrachten[143] Auch eine der schwierigsten und zentralsten Fragen der Liturgik, die Koordination von Zeichen und Kausalität[144] ist auf diese Weise bei Thomas auf äußerst luzide und konsequente, die absolute Oberherrschaft Gottes über seine Schöpfung wahrende Art gelöst.

Jesus Christus: Priester, Opfergabe und Gott zugleich[145]

Die Rückkehr des gefallenen Menschen zu Gott ist nicht durch eine natürliche Anstrengung des Menschen zu erreichen. Sie mußte von Gott selbst verdient und vermittelt werden. Daß und warum dies auf sinnenfällige Weise geschehen ist, wurde schon oben gezeigt. Diese metaphysisch als Instrumentalursächlichkeit qualifizierte Weise des Verdienstes und der Vermittlung

---

[143] Vgl. Peter WALTER, Die deutschsprachige Dogmatik zwischen den beiden Vatikanischen Konzilien, in: Wolf (Hg.), Katholisch-theologische Disziplinen, 159.

[144] WALSH, Liturgy, 567-570.

[145] Zu diesem und zum nächsten Abschnitt vgl. die Beiträge in: Sergé-Thomas BONINO (Ed.), Saint Thomas d'Aquin et le Sacerdoce. Actes du colloque organisé par l'Institut Saint-Thomas-d'Aquin les 5 et 6 juin à Toulouse (= RTh 1-1999), Toulouse 1999.

findet im Hinblick auf das von uns behandelte Thema ihren Höhepunkt im Priestertum des Gottmenschen.

Die Vermittlung zwischen dem Menschen und Gott ist das eigentliche Amt des Priesters, der Göttliches übermittelt und Gebet und Sühne der Menschen vor Gott hinträgt:

> „Das Priestersein aber kommt Christus im höchsten Maße zu, denn gerade durch ihn wurden den Menschen göttliche Güter zugewandt ... Auch hat er das Menschengeschlecht mit Gott versöhnt."[146]

Christus ist aber zugleich im Hinblick auf seine göttliche Person und Natur jener, der der Schenker des Heils ist und dem die Sühne dargebracht wird.[147] Diese Sühne und innere Hingabe findet ihren sinnenfälligen äußeren Ausdruck im Opfer. Das Urbild aller Opfer und die Quelle aber, die alle Opfer der Menschen erst verdienstlich macht, ist das Opfer Christi:

> „Und aus diesem Grunde war Christus als Mensch nicht nur Opferpriester, sondern auch vollkommene Opfergabe, indem er zugleich Sündopfer, Friedopfer und Brandopfer war."[148]

---

[146] IIIa q.22 a.1: Hoc autem maxime convenit Christo. Nam per ipsum dona hominibus sunt collata ... Ipse etiam humanum genus Deo reconciliavit ... Unde Christo maxime convenit esse sacerdotem.

[147] IIIa q.22 a.3 ad 1: ... licet Christus non fuerit sacerdos secundum quod Deus, sed secundum quod homo, unus tamen et idem fuit sacerdos et Deus ...

[148] IIIa q.22 a.2: Et ideo ipse Christus, inquantum homo, non solum fuit sacerdos, sed etiam hostia perfecta, simul existens hostia pro peccato, et hostia pacificorum, et holcaustum.

Wie die Sonne leuchtet, aber nicht erleuchtet wird und Feuer
wärmt, ohne erwärmt zu werden, so ist das in seiner Vollendung ewig dauernde Priestertum Christi die Quelle jeden Priestertums und sein Opfer, das einmal dargebracht nicht wiederholt werden muß, weil seine unermessliche Kraft ohne Ende
währt[149], das Vorbild aller anderen Opfer.[150]
Die ganze Liturgie der Kirche ist so Teilhabe an der Liturgie
der Mysterien des Lebens Jesu, sie wirkt allein in deren Kraft.

Die Liturgie als wirklicher Akt des ewigen Hohenpriesters

Das Opfer und das Priestertum Christi haben unendlichen Wert
und Dauer: sie umspannen alle Orten und Zeiten[151]. Sind auch
die einstigen Heilstaten Christi, die *actiones et passiones Christi* (IIIa q.48 a.6), physisch vergangen und so ihrem einmaligen
Sein nach unwiederholbar, so wirken sie doch in ihrem ganzen
physischen Sein auf geheimnisvoll-wunderbare Art weiter.
Wie dies möglich ist, ist eine sehr schwierige theologische Frage. Der scharfsinnige Thomist und berühmte Kommentator der

---

[149] IIIa q.22, a.5, ad 2: ...licet passio et mors Christi de cetero non sit
iteranda, tamen virtus illius hostiae permanet in aeternum.

[150] IIIa q.22 a.4: „Et ideo Christo non competit effectum sacerdotii in
se suscipere, sed potius ipsum aliis communicare. Primum enim agens
in quolibet genere ita est influens quod non est recipiens in genere illo;
sicut sol illuminat sed non illuminatur, et ignis calefacit sed non cale-
fecit. Christus autem est fons totius sacerdotii.“

[151] IIIa q.56 a.1 ad 3: „quae virtus praesentialiter attingit omnia loca et
tempora“.

Tertia, Bartholomaeus von Medina spricht in diesem Zusammenhang von einem *mysterium reconditae theologiae*: „Explicare modum, quo praedictae operationes et passiones Christi operatae sint nostram salutem per modum efficientiae, pertinet ad mysterium reconditae theologiae."[152]

Die Mysterientheologie des Benediktiners Odo Casel ist schließlich an diesem Mysterium gescheitert.[153]

Im Kult seiner Kirche setzt Christus selbst, als ewiger Hohepriester und Haupt seines mystischen Leibes, die Gottesverehrung und Sühne, die in seinem Kreuzesopfer ihren Höhepunkt erreichen und sein ganzes Leben zum Gottesdienst machten, fort:

> „Totus autem ritus christianae religionis derivatur a sacerdotio Christi: Der ganze christliche Kult ist vom Priestertum Christi hergeleitet" (Sth IIIa q.63 a.3)

Mediator Dei stellt diesen Gedanken ins Zentrum: „... das Priestertum Jesu Christi lebt und wirkt jederzeit durch alle Jahrhunderte hindurch, da die heilige Liturgie nichts anderes ist als die Ausübung dieses Priesteramtes"[154].

Ähnlich auch *Sacrosanctum Concilium* (Nr.7) und der neue *Katechismus der Katholischen Kirche* (Nr.1069): „Durch die Liturgie setzt Christus, unser Erlöser und Hohepriester, in seiner Kirche, mit ihr und durch sie das Werk unserer Erlösung fort."

---

[152] In S.th. IIIa q.13 a.2 (Ed. Köln 1618, 402).

[153] vgl. J. GAILLARD, La théologie des mystères, in: RTh 57 (1957) 510-551.

[154] ROHRBASSER, Nr.230.

Dies zeigt sich auf besonders deutliche Weise in der Feier der Sakramente, die das Herzstück der Liturgie bildet[155]: „Wir haben hier die von Christus gegründete Kirche vor uns, in der nicht wie vormals im irdischen Paradiese vier, sondern, der in ihr herrschenden gottmenschlichen Ordnung entsprechend, sieben Ströme fließen, die vom Kreuze Christi herkommen, um von dort das dem Herzen des Gottmenschen entquellende Heil ... bis zum Ende der Zeiten zu tragen."[156]
Es ist in diesem Zusammenhang bezeichnend, daß Thomas die letzte *quaestio* (q.59) seiner Christologie in der *Tertia* und die erste Quaestion (q.60), die über die Sakramente handelt, mit den Worten verbindet:

> „Nach unserer Untersuchung über die Geheimnisse des fleischgewordenen Wortes sind die Sakramente der Kirche zu behandeln, die vom fleischgewordenen Worte selbst Wirklichkeit haben."[157]

Christus als fleischgewordenes Wort - man beachte die Häufigkeit von *incarnatus* im obigen Zitat -, als Gottmensch ist der eigentliche Liturge, der primäre Spender der Sakramente, der Priester dagegen darf *in persona Christi* handeln:

---

[155] SC 6. Vgl. auch: GONZÁLEZ FUENTE, La teologia nella liturgia, 356-359.

[156] Bernhard DÖRHOLT, Der Predigerorden und seine Theologie, Paderborn 1917, 119.

[157] IIIa q.60 prol.: Post considerationem eorum quae pertinent ad mysteria Verbi incarnati, considerandum est de Ecclesiae sacramentis, quae ab ipso Verbo incarnato efficaciam habent.

„Christus wirkt sowohl als Gott wie auch als Mensch die innere Wirkung der Sakramente, jedoch auf verschiedene Weise. Sofern Er Gott ist, wirkt Er in den Sakramenten als Urheber; sofern Er Mensch ist, wirkt Er bei den inneren Wirkungen der Sakramente verdienend und hervorbringend, dieses jedoch nur werkzeuglich ... Wie Christus als Gott über die Sakramente die Gewalt der Urheberschaft innehat, so besitzt Er als Mensch die Gewalt des Hauptspenders."[158]

In besonders vollkommener Form zeigt sich dies im Opfer der heiligen Messe:

Das Meßopfer und das Kreuzesopfer sind im Hinblick auf ihr Wesen (*quoad substantiam*) numerisch identisch. Sie sind verbunden durch das selbe Opfer, den selben primären Opferpriester und das selbe Ziel; es ist derselbe, „numerisch identische innere Akt vollkommenster Selbsthingabe in den Sühnetod, der das Kreuzesopfer und das Meßopfer zum wahren Kultopfer Christi gestaltet; dieser innere Opferakt des Gottmenschen besteht nämlich im verklärten Christus ewig unverändert aktuell fort, analog seiner ständig aktuellen Gottanschauung."[159]

---

[158] IIIa q.64 a.3: ...quod interiorem sacramentorum effectum operatur Christus, et secundum quod est Deus, et secundum quod est homo; aliter tamen et aliter. Nam secundum quod est Deus, operatur in sacramentis per auctoritatem; secundum autem quod est homo, operatur ad interiores effectus sacramentorum meritorie et efficienter, sed instrumentaliter ... Et ideo sicut Christus, inquantum Deus, habet potestatem auctoritatis in sacramentis, ita inquantum homo habet potestatem ministerii principalis, sive potestatem excellentiae.

[159] DIEKAMP-JÜSSEN III, 206.

Meßopfer und Kreuzesopfer unterscheiden sich lediglich in der äußeren Form der Darbringung (*quoad modum oblationis externae*): einst auf Golgatha in blutiger Form, nun auf unseren Altären auf unblutig-mystische Art, die in der sakramentalen Trennung des Blutes vom Leib besteht.[160]

Die Lehre des heiligen Thomas von der Liturgie als wirklichem Akt des ewigen Hohenpriesters ist in der gegenwärtigen Lage zügelloser Subjektivität auch im Bereich der Liturgie von großer Bedeutung:

Denn der sicherste und einleuchtendste Weg, den Menschen von dem zurecht immer wieder beklagten Verlust der Objektivität in der Liturgie fortzuführen, ist - wie Walsh richtig sagt[161] - zu zeigen, daß die Zeichen der Liturgie aus der Kausalität fließen bzw. von Gott geschenkt und nicht ein geschichtlicher Ausdruck menschlicher Bedürfnisse sind, wie uns dies die alten und neuen Modernisten glauben machen wollen.

Christliche Liturgie ist nur denkbar als Liturgie „von oben", sobald sie sich primär „von unten" begründet, wird sie zum anthropozentrischen Götzendienst.

---

[160] GARRIGOU-LAGRANGE, Le sacrifice de la Messe, Var 1933, 4: „Les thomistes disent assez généralement: Missa et sacrificium Crucis sunt idem numerice sacrificium *quoad substantiam* (ratione hostiae oblatae, principalis offerentis ac finis), non vero *quoad modum* oblationis externae (quae nunc est incruenta, et olim fuit cruenta)".

[161] WALSH, Litugy, 570: „The simplest way to guard against this forgetfulness of the objective, given reality of the liturgy is to specify that the signs being talked about are instituted by God. That tempers the freedom allowed to man's subjectivity."

Die physisch-instrumentale Wirkursächlichkeit der Sakramente

Daraus ergibt sich eine wichtige Eigenart thomistischer Liturgik: Nicht pädagogische Kniffe oder pastoraltheologische Überlegungen, sondern die Grundgesetzlichkeit des Kultes Christi ist auch der oberste Maßstab für den Kult seines mystischen Leibes.

Wie aber das ganze Leben und Leiden Jesu in erster und alles bestimmender Linie auf die Verherrlichung Gottes zielte, ja selbst die Erlösung des Menschen diesem Ziele untergeordnet wird, so ist in der Liturgie der soteriologische Kultzweck (*sanctificatio hominis*) vollständig dem latreutischen Kultzweck (*cultus divinus*) untergeordnet. Die Heiligung des Menschen steht letztlich im Dienst des Kultes, sie ist Einbeziehung des Menschen in die kultische Verherrlichung Gottes durch Christus (IIIa q.60 a.5; ibid. q.63 a.6).

Wie uns alle von Christus verdienten Gnaden objektiv über seine Menschheit als das immer der Gottheit vereinte Werkzeug (*instrumentum conjunctum*), zufließen; wie die Menschheit Jesu so die physische Instrumentalursache der Heiligung der Menschheit ist, so werden uns diese Gnaden subjektiv und ordentlicherweise durch die sichtbaren Sakramente, die ebenfalls physisch-instrumentale Ursachen der sakramentalen Gnade sind, zugeleitet.[162]

Wie Gott sich der Annahme der sichtbaren menschlichen Natur bedient hat, um den Menschen zu erlösen, so bedient er sich nun der sinnlichen Zeichen der Sakramente, in denen er die natürlichen Elemente mit übernatürlicher Kraft befruchtet (*instrumenta separata*), um die Frucht dieser Erlösung dem je konkreten Menschen zu übermitteln: Aus dem innertrinitarischen Leben, der unversiegbaren Quelle aller Gnaden entsprungen, ergießt sich die Gnade durch die vom ewigen Wort angenommene und durch dieses geheiligte menschliche Natur, vermittelt aber durch die Sakramente, in die Erlösten:

> „Hauptwirkursache der Gnade nun ist Gott selbst; zu Ihm verhält sich die Menschheit Christi wie ein naturverbundenes, das Sakrament aber wie ein getrenntes Werkzeug. Darum ist es notwendig, daß die heilwirkende Kraft von der Gottheit Christi her durch seine Menschheit hindurch in die Sakramente hineingeleitet wird."[163]

---

[162] Vgl. auch die schönen Ausführungen von PHILIPPUS A SS. TRINITATE, Disputatio theologica de incarnatione, disp.2 d.2 (Ed. Lyon 1653, V, 156): „... nam haec executio est quaedam continuatio illius imperii, sicut actus exterior continuatur cum interiori: ita ut sint una actio completa et consumata; unde non solum minister baptizat vel absolvit, sed etiam Christus Dominus inquantum homo, quia illa est ejus actio exterior, continuata cum actione interiori, qua vult et imperat ablutionem vel absolutionem".

[163] IIIa q.62 a.5: Principalis autem causa efficiens gratiae ipse est Deus, ad quem comparatur humanitas Christi sicut instrumentum conjun-

So werden sowohl die Begründung als auch die Verwirklichung des Heiles „nach einem und demselben Grundgesetz vollzogen. Wie bei der objektiven Erlösung, so ruht auch bei der subjektiven das erlösende, versöhnende Agens auf einem äußerlichen, sinnlichen Substrat"[164] und rechtfertigt so in vornehmster Weise die Existenz der Liturgie als System von äußeren Zeichen, die die innere Gnade kausal-physisch bewirken[165].

Aus dieser Lehre des hl. Thomas hat sich die von der thomistischen Schule als wichtige Konsequenz ihres Denkens verfochtene Doktrin von der physischen Wirkweise der Sakramente entwickelt.

Auch wenn es immer wieder Theologen gab, die behaupteten, der hl. Thomas selbst habe nie eine physische Wirksamkeit der Sakramente gelehrt, so hat doch der scharfsinnige Verfasser des *Clypeus theologiae thomisticae*, Jean Baptiste Gonet OP (+ 1681)[166], vollkommen Recht, wenn er schreibt: „Daran zu zweifeln [daß der Aquinate eine physische Wirksamkeit der Sakra-

---

ctum; sacramentum autem sicut instrumentum separatum. Et ideo oportet quod virtus salutifera a divinitate Christi per ejus humanitatem in ipsa sacramenta derivetur.

[164] Franz von Paula MORGOTT, Der Spender der heiligen Sakramente nach der Lehre des heiligen Thomas von Aquin, Freiburg/Breisgau 1886, 20.

[165] Vgl. GONZÁLEZ FUENTE, La teologia nella liturgia, 401-407.

[166] Zu diesem: David BERGER, Jean Baptiste Gonet OP, in: BBKL XVII (2000) 485-486.

mente vertritt], hieße die Sonne mit Finsternis umhüllen und, wie man sagt, am hellen Mittag nichts sehen"[167].

Natürlich sind sich alle großen Theologen der Kirche - einschließlich des hl. Thomas[168] - einig, daß die Sakramente nicht bloß schöne erbauliche Bräuche, sondern objektive Gnadenmittel sind bzw. *ex opere operato* wirken.

Die Frage aber, ob dieses *opere operato* nur moralisch oder (*instrumentaliter*) physisch zu verstehen ist, wird kontrovers diskutiert. Während Duns Scotus, die Skotisten und zahlreiche, dem neuzeitlichen Molinismus zuzurechnende Theologen (Vasquez, Lugo, Tournely), besonders aber auch der sogenannte Reformkatholizismus und Neomodernismus[169] in verschiedener Ausformung eine lediglich moralische Wirksamkeit festhalten, vertreten der hl. Thomas in seiner theologischen Summe[170] und die Thomisten strikter Observanz eindeutig eine instrumental-physische Kausalität der Sakramente:

> „Einige sagen nun, die Sakramente seien nicht Ursache der
> Gnade, indem sie selbst etwas bewirken, sondern weil Gott,
> sobald die Sakramente angewendet werden, in der Seele die

---

[167] De Sacr. in Com. Disp. 3, art. 2, par. 4.

[168] IIIa q.62 a.3-5; BANEZ, In I q.45; GARRIGOU-LAGRANGE, De Eucharistia. Commentarius in Summam theologicam S. Thomae, Romae-Taurini 1946, 3.

[169] Vgl. Otto WEISS, Der Modernismus in Deutschland, Regensburg 1995, 581; David BERGER, Natur und Gnade, Regensburg 1998, 180.

[170] Daß sich Thomas in seinen frühen Schriften in dieser Sache noch nicht so gefestigt zeigt, erkannte schon: Johannes a S. THOMA, In S.th. III q.62 a.1 d.7 nr.317-319 (Ed. Vivès 1886, Vol.IX, 212-214).

84

Gnade bewirkt ... Aber richtig betrachtet, kommt diese Auffassung über ein bloßes Zeichen nicht hinaus ... Nach dieser Ansicht wären also die Sakramente des Neuen Gesetzes nichts weiter als Zeichen der Gnade."[171]

Dies ist dem hl. Thomas aber entschieden zu wenig. Ausgehend von der Einsicht, daß die Menschheit Christi das Organ seiner Gottheit und so das übernatürliche Wirken des Gottmenschen in der Heilsgeschichte als physisches aufzufassen ist[172], sagt er zu der das Wirken Christi gegenwärtigsetzenden, instrumentalen Wirksamkeit der Sakramente, sehr eindeutig:

„Das Werkzeug hat zwei Tätigkeiten: die eine ist die werkzeugliche, gemäß der es nicht aus eigener Kraft wirkt, sondern aus der Kraft des Hauptwirkenden; die andere aber ist seine Eigentätigkeit, die ihm aus der eigenen Wesensform heraus zukommt ... So verhält es sich auch bei den Sakramenten. Sie gehören der physischen Welt an und durch die physische Eigentätigkeit, mit der sie den Körper berühren, vollziehen sie an der Seele eine werkzeugliche Tätigkeit in der Kraft Gottes, wie das Taufwasser dadurch, daß es aus eigener Kraft den Körper abwäscht, als Werkzeug der gött-

---

[171] IIIa q.62 a.1: Quidam tamen dicunt quod non sint causa gratiae aliquid operando, sed quia Deus, sacramentis adhibitis, in anima gratiam operatur ... Sed si quis recte consideret, iste modus non transcendit rationem signi ... Secundum hoc igitur sacramenta novae legis nihil plus essent quam signa gratiae.

[172] IIIa q.13 a.2: Si loquamur de anima Christi, secundum quod est instrumentum Verbi sibi uniti, sic habuit instrumentalem virtutem ad omnes immutations miraculosas faciendas ...

lichen Kraft auch die Seele reinigt; denn aus Seele und Leib wird eins.“[173]

Was auf den ersten Blick als scholastische, lebensfremde Spitzfindigkeit erscheint, hat - wie viele andere derartige Fragen - eine große Bedeutung im Hinblick auf das konkrete Leben der Kirche. In unserem Fall: näherhin deren eigentlichem Lebensvollzug in der Liturgie.

Es legt sich nahe, daß die Positionen, die lediglich eine moralisch-psychologische Wirksamkeit der Sakramente annehmen, diese - und damit die gesamte Liturgie - zu aller erst als pädagogische Lehrmittel betrachten und folglich entsprechend profaner Ideen ordnen.

Der Jesuit Erich Przywara schrieb in dieser Sache: „Dem Thomismus [der an der physischen Kausalität der Sakramente festhält] entspricht im besonderen religiöses Leben als Vollzug religiöser Ordnung. Privat- und Volksfrömmigkeit treten zurück vor der Liturgie, Predigt als psychologisch-seelsorgerische Anleitung zu konkretem religiösen Leben vor der Predigt als reiner Darbietung der objektiven Wahrheit, Auseinandersetzung mit

---

[173] IIIa q.62 a.1: ... quod instrumentum habet duas actiones: unam instrumentalem, secundum quam operatur non in virtute propria, sed in virtute principalis agentis: aliam autem habet actionem propriam, quae competit ei secundum propriam formam ... Et similiter sacramenta corporalia per propriam operationem, quam exercent circa corpus quod tangunt, efficiunt operationem instrumentalem ex virtute divina circa animam, sicut aqua baptismi abluendo corpus secundum propriam virtutem abluit animam, inquantum est instrumentum virtutis divinae; nam ex anima et corpore unum fit.

den Nöten des real-praktischen Lebens vor dem Sprechen des Dogmas durch sich selbst."

Ganz anders – so Przywara richtig - die Positionen, die von einer nur moralischen Wirksamkeit der Sakramente ausgehen: Sie werden „die Bildung des religiösen Lebens betonen, darum das Eingehen auf dessen individual-konkrete Nöte, darum die Anpassung des Gottesdienstes an die Möglichkeiten der lebendigen Teilnehmer ... mit der Gefahr versandenden Aktivismus und säkularisierter Religion."[174]

Man überschätzt die Bedeutung der Schultheologie sicher nicht, wenn man das Abweichen von der thomistischen Lehre von der physischen Wirksamkeit der Sakramente als eine der Hauptwurzeln für die anthropozentrischen Elemente der Umgestaltung der Liturgie und die gesamte damit zusammenhängende Entsakralisierungswelle[175] betrachtet. War es doch - wie Kardinal Ratzinger festgestellt hat - die im Zuge der Aufklärung und später der liturgischen Bewegung mit ihrem pastoralen Überaktivismus[176] aufgekommene Redeweise von der missionarischen und pädagogischen Fruchtbarmachung der Liturgie, die einen wichtige Rolle in der anthropozentrischen Wende der Liturgie

---

[174] Erich PRZYWARA, Thomismus und Molinismus, in: StZ 58 (1933) 31.

[175] Josef PIEPER, Sakralität und Entsakralisierung, in: id., Über die Schwierigkeit heute zu glauben, München 1974, 25-60.

[176] Papst Pius XII. sah sich 1950 in seiner großen Enzyklika *Humani generis* gezwungen, vor einem solchen, „unklugen Seeleneifer" ausdrücklich zu warnen: ROHRBASSER, Heilslehre, 437.

spielt: „Die Liturgie wird ganz für den Menschen gemacht, sie
dient entweder der Übermittlung von Inhalten oder - nach der
Ermüdung ob der damit aufgekommenen Rationalismen und ihrer Banalität - der Gemeinschaftsbildung ... Gott spielt da eigentlich keine Rolle; es geht alles um das Gewinnen und Zu-
friedenstellen von Menschen und ihren Ansprüchen. Gerade so
wird freilich kein Glaube geweckt ...“[177]

Die Eucharistie als Zentrum des gesamten
liturgischen Kosmos

Sind die Sakramente resp. die Liturgie als die zeit-räumliche
Ausdehnung des Mysteriums der Inkarnation zu sehen, so ist
offensichtlich, daß objektiv betrachtet (*in intentione*[178]), das Sakrament der Eucharistie das wichtigste unter allen Sakramenten
ist: die Quelle, aus der alle anderen Sakramente hervorgehen
und das Ziel, auf das sie alle hingeordnet sind:

> „An sich ist das Sakrament der Eucharistie das wichtigste
> unter allen Sakramenten. Dies wird auf dreifache Weise
> klar. Erstens daraus, daß in ihm Christus selbst wesenhaft
> enthalten ist; in den anderen Sakramenten ist nur eine werk-
> zeugliche, von Christus mitgeteilte Kraft enthalten. Zwei-
> tens erhellt dies aus der Ordnung der Sakramente unterein-

---

[177] Joseph Kardinal RATZINGER, Eucharistie und Mission, in: FKTh
14 (1998) 83.
[178] IV Sent, d.8 q.1 a.3 sol.3 ad 3: quamvis hoc sacramentum sit quasi
ultimum in perceptione est tamen primum in intentione.

ander. Denn alle anderen Sakramente scheinen auf dieses hingeordnet zu sein wie auf ihr Ziel. Besonders offensichtlich ist das Sakrament der Weihe auf die Feier der Eucharistie hingeordnet. Das Sakrament der Taufe aber auf den Empfang der Eucharistie. In dieser Richtung wird der Mensch auch durch die Firmung vervollkommnet, damit er sich nicht aus übergroßer Ehrfurcht diesem Sakrament entziehe. Auch durch die Buße und die letzte Ölung wird der Mensch zum würdigen Empfang des Leibes Christi vorbereitet. Die Ehe aber steht wenigstens durch ihre Bedeutung in Verbindung mit diesem Sakrament, sofern sie die Vereinigung Christi und der Kirche bezeichnet, deren Einheit durch das Sakrament der Eucharistie versinnbildlicht wird ... Drittens erhellt dies aus der äußeren Feier der Sakramente. Denn fast alle Sakramente werden in der Eucharistie abgeschlossen; so kommunizieren etwa die Neugeweihten und, wenn sie erwachsen sind, auch die Neugetauften ...“[179].

---

[179] IIIa q.65 a.3: ... simpliciter loquendo, sacramentum Eucharistiae est potissimum inter alia sacramenta. Quod quidem tripliciter apparet: primo quidem ex eo quod in eo continetur; nam in sacramento Eucharistiae continetur ipse Christus substantialiter; in aliis autem sacramentis continetur quaedam virtus instrumentalis participata a Christo ... Secundo hoc apparet ex ordine sacramentorum ad invicem: nam omnia alia sacramenta ordinari videntur ad hoc sacramentum, sicut ad finem. Manifestum est enim quod sacramentum ordinis ordinatur ad Eucharistiae consecrationem; sacramentum vero baptismi ordinatur ad Eucharistiae receptionem, in quo etiam perficitur aliquis per confirmationem, ut non vereatur se subtrahere a tali sacramento; per poenitentiam etiam, et extremam unctionem praeparatur homo ad digne sumendum corpus

Der römische Theologe Antonio Piolanti weist in seiner großen
Monographie über das Altarsakrament, die das beste jüngere
Werk zum Geheimnis der Eucharistie sein dürfte, darauf hin,
daß das Zweite Vatikanische Konzil diese Lehre des hl. Thomas
(SC 65, 71, 77) in glücklicher Weise aufgenommen hat.[180]
Im Anschluß an das Konzil und den hl. Thomas lehrt auch der
KKK (Nr.1324): „Die Eucharistie ist Quelle und Höhepunkt des
ganzen christlichen Lebens. Mit der Eucharistie stehen die übrigen Sakramente in Zusammenhang; auf die Eucharistie sind sie
hingeordnet; das gilt auch für die kirchlichen Dienste und für
die Apostolatswerke. Die heiligste Eucharistie enthält ja das
Heilsgut der Kirche in seiner ganzen Fülle, Christus selbst, unser Osterlamm."
Der Gottmensch selbst - substantiell unter den sichtbaren Gestalten von Brot und Wein verborgen (siehe Exkurs), als Zen-

---

Christi; matrimonium etiam saltem sua significatione attingit hoc sacramentum, inquantum significat conjunctionem Christi et Ecclesiae,
cujus unitas per sacramentum Eucharistiae figuratur ... Tertio hoc apparet ex ritu sacramentorum. Nam fere omnia sacramenta in Eucharistia consummantur ... sicut patet quod ordinati communicant, et
etiam baptizati, si sint adulti.
[180] Antonio PIOLANTI, Il Mistero Eucaristico, 623: Il Concilio Vaticano, ispirandosi a S. Tommaso, presenta, in una elevata sintesi, la dot-
trina della centralità dell'Eucaristia e della convergenza dei sacramenti
...

trum und „Urquell"[181] der sakramentalen Kultwelt, des gesamten liturgischen Kosmos. - Der hl. Thomas antwortet auf dieses unaussprechliche Geheimnis, auf dieses „größte der von Christus bewirkten Wunder"[182], auf diese übernatürliche *perfectio omnium perfectionum*[183], mit den wunderbaren Hymnen der Fronleichnamsliturgie. In besonderer Weise sind sie liturgischer Ausdruck der Freude und des Jubels, die den das Urgeheimnis der Liturgie, die heiligste Eucharistie, in Demut Betrachtenden erfüllen:

> „Sacris solemniis juncta sint gaudia / Et ex praecordiis sonent praeconia: Die Freude sei gepaart mit hoher Festlichkeit und aus des Herzens Tiefe soll das Lob erschallen." (*Sacris solemnis*, 1. Strophe). „Quantum potes, tantum aude: / Quia major omni laude, / Nec laudare sufficis: Was du kannst, das sollst du wagen; ihm gebührend Lob zu sagen, man vergebens sich bemüht." (*Lauda Sion*, 2.Strophe) „Sit laus plena, sit sonora / Sit jucunda, sit decora / Mentis jubilatio: Lob erschalle, Lob ertöne, Gott genehm, voll hoher Schöne, sei des Herzens Jubellaut." (ibid.,5.Strophe)

---

[181] VI. Homilie des hl. Thomas von Aquin zum Fronleichnamsfest im Römischen Brevier (Opusc. 57, lect.VI): per quod spiritualis dulcedo in suo fonte gustatur ....

[182] ibid.: miraculorum ab ipso factorum maximum

[183] IV Sent d.8 q.1 a.1 sol.1 ad 1: Fons christianae vitae est Christus et ideo Eucharistia perficit Christo coniungens, et ideo hoc sacramentum est *perfectio omnium perfectionum*, unde et omnes qui sacramenta alia accipiunt, hoc Sacramento in fine confirmantur.

Der sakramentale Charakter als Teilnahme des Christen am Priestertum Christi

Ist der ganze christliche Kultus die Fortsetzung des Priestertums Christi, so stellt sich natürlich die Frage, wie dies möglich ist, da doch der Gottesdienst von Menschen vollzogen wird. Der hl. Thomas greift hier die sehr alte Lehre vom unauslöschlichen Charakter (*character indelebilis*) auf, den die Sakramente der Taufe, Firmung und Weihe dem Empfänger einprägen[184].

Die Sakramente haben nicht nur den Zweck der Heiligung, sie befähigen deren Empfänger auch für den christlichen Kult:

> „Die Sakramente des Neuen Bundes ... sollen die Seele auch ausrüsten für die Feier des Gottesdienstes im Sinne der christlichen Religion. Jeder, der mit einer bestimmten Aufgabe betraut wird, erhielt aber noch immer ein darauf hinweisendes Kennzeichen ... Weil nun die Menschen durch die Sakramente mit einer geistigen Aufgabe betraut werden, die zu Gottes Dienst gehört, so ist es ganz in der Ordnung, daß die Gläubigen durch die Sakramente mit einem geistigen Siegel, das man sakramentales Mal nennt, gekennzeichnet werden."[185]

---

[184] Vgl. BERGER, Die geschichtliche Entwicklung der Lehre vom *character indelebilis*, in: UVK 26 (1996) 182-189.

[185] IIIa q.63 a.1: ... sacramenta novae legis ad duo ordinantur: ... et ad perficiendum animam in his quae pertinent ad cultum Dei secundum ritum christianae vitae. Quicumque autem ad aliquid certum deputatur, consuevit ad illud consignari ... Et ideo, cum homines per sacramenta deputentur ad aliquid spirituale pertinens ad cultum Dei, consequens

Der christliche Kult, den Christus auf Erden begann und den er als Haupt der Kirche, die gleichsam sein mystischer Leib ist, fortsetzt, zeichnet sich aber dadurch aus, daß Göttliches empfangen und weitergegeben wird. Eben auf diesen Vorgang des Empfangs (wozu eine *potentia passiva* erforderlich ist) und der Weitergabe des Göttlichen (*potentia activa*) ist auch das sakramentale Mal hingeordnet:

> „Und so ist offenbar, daß das sakramentale Mal in besonderer Weise das Mal Christi ist, dessen Priestertum die Gläubigen gleichgestaltet werden entsprechend den sakramentalen Malen, die nichts anderes sind als bestimmte, von Christus selbst hergeleitete Arten der Teilnahme am Priestertum Christi."[186]

Wie das Priestertum Christi ewig und so auch die Heiligung dauernd ist, solange die Sache bleibt, an die Christus diese Heiligung binden wollte: So ist die Seele in ihrem geistigen Teil als die Trägerin des sakramentalen Males unsterblich und folglich ist auch das sakramentale Mal unaustilgbar (*character indelebiliter manet*) in der Seele.

---

est quod per ea fideles aliquo spirituali charactere insigniantur ... sed ad actus convenientes praesenti Ecclesiae deputantur quodam spirituali signaculo eis insignito, quod character nuncupatur.

[186] IIIa q.63 a.3: Et ideo manifestum est quod character sacramentalis specialiter est character Christi, cujus sacerdotio configurantur fideles secundum sacramentales characteres, qui nihil aliud sunt quam quaedam participationes sacerdotii Christi ab ipso Christo derivatae.

Empfang und Weitergabe, *potentia activa* und *passiva,* stehen auch bei der Lösung, welche Sakramente welches Mal einprägen, im Mittelpunkt:

„Durch alle Sakramente wird der Mensch geheiligt, sofern die Heiligkeit Reinheit von Sünde bedeutet, und dies geschieht durch die Gnade. In besonderer Weise aber wird der Mensch durch einige Sakramente, die ein Mal einprägen, mit einer gewissen Weihung geheiligt, sofern er zum göttlichen Kult bestimmt wird ... Nämlich durch die Taufe, die Firmung und die Weihe ...

Zu denen aber, die bei den Sakramenten handelnd auftreten, steht das Sakrament der Weihe in Beziehung; denn durch dieses Sakrament werden die Menschen damit betraut, die Sakramente anderen zu spenden. Zu den empfangenden jedoch steht das Sakrament der Taufe in Beziehung, durch welches der Mensch die Macht erhält, die anderen Sakramente der Kirche zu empfangen ... Auf dasselbe ist gewissermaßen auch die Firmung hingeordnet."[187]

---

[187] IIIa q.63 a.6: ... per omnia sacramenta sanctificatur homo, secundum quod sanctitas importat munditiam a peccato, quae fit per gratiam; sed specialiter per quaedam sacramenta, quae characterem imprimunt, homo sanctificatur quadam consecratione, utpote deputatus ad divinum cultum ... Et ideo per haec tria sacramenta character imprimitur, scilicet per baptismum, confirmationem et ordinem ... Sed ad agentes in sacramentis pertinet sacramentum ordinis, quia per hoc sacramentum deputantur homines ad sacramenta aliis tradenda. Sed ad recipientes pertinet sacramentum baptismi, quia per ipsum homo accipit potestatem

So wird der Mensch, um ihm Zutritt zum Allerheiligsten, der Vergegenwärtigung des ewigen Priestertums Christi zu verschaffen, der Profanität entzogen und dem göttlichen Kult durch den sakramentalen Charakter auf immer geweiht. Aus der oberen Stelle wird auch deutlich, daß keine Rede davon sein kann, „daß Priester und Laien in gleicher Weise nichtsakramental, noch daß sie in gestufter Weise sakramental opfern, weil die Meßopferung sakramental ist und jene durch die sakramentalen Charaktere, die ihnen eigen sind, zu je ganz verschiedenen Tätigkeiten in der Kirche ausgerüstet und befähigt sind.

Das ist aber gar nicht immer ein aktives Können, sondern beim Taufcharakter im Unterschied zur Taufgnade ein rein passives und nur bei den anderen ein aktives. Hier ist es aber auch in keiner Weise gleichartig ...

Die Laien besitzen ... in keiner Weise sakramental Gewalt zum Mitopfern der Eucharistie, weder durch den Tauf- noch den Firmcharakter"[188].

Unmißverständlich und äußerst anschaulich kommt dies in der klassischen Liturgie zum Ausdruck.

Wie keinem Theologen vor oder nach ihm ist es dem heiligen Thomas gelungen, „den sakramentalen Charakter in eine großartige Synthese und Perspektive hineinzustellen. Darin erscheint die ganze sakramentale Heilswelt wesentlich und in erster Linie

---

recipiendi alia Ecclesiae sacramenta ... Ad idem etiam ordinatur quodammodo confirmatio.
[188] Mannes D. KOSTER, Ekklesiologie im Werden, Paderborn 1940, 75.

auf den christlichen Kult hingeordnet, worin Christus in uns seine Gottesverehrung weiterführt. Der andere Wesenszweck der Sakramente, die Heiligung des Menschen, erscheint in dieser Sicht dem christlichen Kult zugeordnet und nicht umgekehrt. Die beiden nicht voneinander trennbaren Ziele der Liturgie: Heiligung und Huldigung, laufen nicht einfach nebeneinander her, sondern sind aufeinander bezogen, die Begnadigung ist auf den Kult ausgerichtet [Analektik!].

Es liegt auf der Hand, wie sehr dadurch die ganze sakramentale Welt, ja die ganze Liturgie, theozentrisch geprägt wird. Innerhalb der Liturgie zielt alles, selbst die Heiligung des Menschen, auf die Verherrlichung Gottes hin."[189]

Diese Theozentrik spiegelt sich - wie wir gesehen haben - vornehmlich in der Einsicht, daß das heilige Opfer das Herz der Liturgie ist, aber auch in der großen Rolle, die dem Priestertum der Kirche als gestufter Teilhabe an dem Priestertum Christi, ihres Hauptes, zukommt.

---

[189] VAGAGGINI, Theologie der Liturgie, 103.

EXKURS:
„QUID HOC SACRAMENTO MIRABILIUS?" – REALPRÄSENZ UND TRANSSUBSTANTIATION NACH DEM HL. THOMAS

Die theologischen Neuinterpretationen und der hl. Thomas

Sowohl auf der Ebene der Theorie wie in dem dieser korrelierenden praktischen Bereich ist es kaum zu übersehen: Bezüglich der Gegenwartsweise Christi im Altarsakrament herrscht eine große Unsicherheit. Ihre Wurzel hat diese Unsicherheit, die nicht selten den Rand des Traditionsbruches berührt, vor allem auch in der sachlichen und terminologischen Unklarheit die bezüglich der Formalursache dieser Gegenwart besteht.

Kurz bevor das Konzil von Trient in seiner 13. Session 1551 feststellt, daß in der heiligsten Eucharistie der „Leib und das Blut zusammen mit der Seele und Gottheit unseres Herrn Jesus Christus und daher der ganze Christus enthalten sind" (DH 1651), lehrt es: „Durch die Konsekration des Brotes und Weines geschieht eine Verwandlung der ganzen Substanz des Brotes in die Substanz des Leibes Christi, unseres Herrn, und der ganzen Substanz des Weines in die Substanz seines Blutes. Diese Wandlung wurde von der heiligen katholischen Kirche treffend und im eigentlichen Sinne Wesensverwandlung (Transsubstantiation) genannt." (DH 1642)

Schon seit den modernistischen Wirren zu Beginn, wie auch in der *nouvelle théologie* in der Mitte des 20. Jahrhunderts versucht man diese klare Definition des Tridentinums durch Neuinterpretationen zu ersetzen: In einer auffälligen Nähe zu Martin Luther wird zunächst der freilich zumeist völlig mißverstandene Substanzbegriff als für die heutige Philosophie obsolet geworden abgelehnt, um dann den vom Tridentinum gebrauchten Terminus „Transsubstantiation", der ohne Zweifel der Schlüsselbegriff für die gesamte Eucharistielehre ist, durch eine neue, angeblich auch leicht verständlichere Begrifflichkeit zu ersetzen. So spricht man etwa von Transsignifikation (P. Schoonenberg), Transfinalisation (E.H. Schillebeeckx) oder Transessentiation (L. Smits).

Man täusche sich nicht! Hier geht es, wie Romano Amerio trefflich beschrieben hat, nicht allein darum, „nur" die Begrifflichkeit zu ändern: „Vor allem sind die Formeln keine Hüllen oder Einkleidungen, vielmehr Ausdruck einer nackten Wahrheit ... und es ist nicht möglich, den Sinn eines Satzes zu bewahren, wenn man ihn in Termini mit anderem Sinngehalt ausdrückt. Lautet die Glaubensformel so: ,Das Brot wird durch Transsubstantiation Leib Christi', dann zerstört die Formel ,Das Brot wird durch Transfinalisation Leib Christi' die Glaubenswahrheit ..."[190] Genau dies – und nicht, ob es die Neuinterpreten „gut gemeint" haben oder böswillig vorgegangen sind - ist hier das Problem: Hinter all diesen neuen Termini verbirgt sich ein ge-

---

[190] Romano AMERIO, Iota unum, Schönenberg 2000, 534.

meinsames Anliegen, das in den 60er Jahren allen voran Karl Rahner und Bernhard Welte verfolgten: Die Wandlung wird in den subjektiven Bereich gerückt, nur der Zeichencharakter, die subjektive Bedeutsamkeit für mich, wandelt sich. Das Brot bekommt durch das gemeinsame Mahlfeiern lediglich eine neue Bedeutung für die Teilnehmer der Tischgemeinschaft.[191]

Die Päpste haben seit dem Eindringen dieser Neuansätze in den Bereich der katholischen Theologie wiederholt darauf hingewiesen, daß diese nicht mit dem von Trient feierlich bestätigten Dogma der Transsubstantiation und der Realpräsenz vereinbar sind. So mit besonderem Nachdruck Papst Pius XII. in seiner wahrhaft prophetischen Enzyklika *Humani generis* (1950)[192] und Paul VI. in dem Lehrschreiben *Mysterium fidei* (1965)[193]. Weil diese Neuinterpretationen auf einer Destruktion des thomistischen Substanzbegriffs fußen, so ist es spiegelbildlich dazu

---

[191] Karl RAHNER, Das Geheimnis unseres Christus, München 1959, 12-18; ID., Schriften zur Theologie, Bd. IV, Einsiedeln 1960, 380-381; Bernhard WELTE, in: Michael Schmaus (Hg.), Aktuelle Fragen zur Eucharistie, München 1960, 190-194. Zu den Neuansätzen vgl.: AUER/RATZINGER, Kleine Katholische Dogmatik, Bd. VI, Regensburg 1971, 184-186; PIOLANTI, Il Mistero Eucaristico, 345-353; Brunero GHERARDINI, Eucaristica ed ecumenismo, in: Piolanti, Il Mistero, 651-655; R. MASI, La conversione eucaristica nella teologia odierna, in: Divinitas 2 (1966) 272-315; Giovanni B. SALA, Transsubstantiation oder Transsiginifikation?, in: ZKTh 92 (1970) 1-34.

[192] Vgl. David BERGER (Hg.), Die Enzyklika „Humani generis" Papst Pius XII.: 1950-2000. Geschichte, Doktrin und Aktualität eines prophetischen Lehrschreibens, Köln 2000.

[193] AAS 57 (1965) 755.

nötig, den hl. Thomas von Aquin genau zu studieren, um die authentische kirchliche Lehre zu verstehen.

Nicht nur deshalb, weil sich die Kirche in den genannten tridentinischen Definitionen fast bis hin zu einer Übernahme des direkten Wortlautes der Lehre des Aquinaten bedient hat. Neben der bereits erwähnten Eigenschaft des hl. Thomas als *Doctor Eucharisticus*, kommt ein weiterer Grund hinzu: Papst Innozenz VI. schreibt bereits im 14. Jahrhundert: „Die Lehre des engelgleichen Lehrers besitzt vor allen anderen, wenn man die kanonischen Schriften ausnimmt, eine solche Schärfe in der Begrifflichkeit, eine derartige Bestimmtheit in der Ausdrucksweise und damit eng verbunden eine so volle Wahrheit in ihren Ergebnissen und Urteilen, daß sich jene, welche ihr gefolgt sind, niemals vom Pfad der Wahrheit entfernt haben. Jene, welche sie anfeindeten, standen jedoch immer unter dem Verdacht des Irrtums."[194] Inmitten der Nebel, welche die theologische Großwetterlage weithin bestimmen, kann die Lehre des hl. Thomas insgesamt wie ein mächtiger Sonnenstrahl wirken! Eine Rückfrage hin zu Thomas, der in seiner Predigt zum Fronleichnamsfest ausruft: „Quid hoc Sacramento mirabilius? – Was kann es Wunderbareres geben als dieses Sakrament?"[195], legt sich aber auch zu unserem speziellen Thema besonders nahe

---

[194] Sermo de D. Thoma, zitiert nach: Laurentius a Ponte, In Cap. 9 Sap. Hom. 13.
[195] Opusculum 57 der Römischen Ausgabe.

100

Die Transsubstantiation[196]

Während die genannten neueren Ansätze nicht selten durch eine
verfehlte philosophische Präokkupation bestimmt sind, eröffnet
der engelgleiche Lehrer seine Quaestion über die Verwandlung
des Brotes und Weines in den Leib und das Blut Christi in der
Summa theologiae (IIIa q.75) mit dem unzweideutigen Hinweis,
daß es sich bei dieser Doktrin um ein Mysterium im strikten
Sinne handelt und daher „nur durch den Glauben, der sich auf
die göttliche Autorität stützt, zu erfassen"[197] ist. Ähnlich klar
unterstreicht der engelgleiche Lehre das „Dogma datur" auch in
seinen Eucharistischen Hymnen[198]. So etwa im *Lauda Sion*:

---

[196] Zu dem Abschnitt vgl.: J. Puig de la BELLACASA, De transsubstantiatione secundum S. Thomam, Barcelona 1926; GARRIGOU-
LAGRANGE, De Eucharistia. Commentarius in Summam theologicam
S. Thomae, Turin-Rom 1946, 86-128; A. BERTULETTI, La presenza
di Cristo nel Sacramento dell'Eucaristia, Rom 1969, 133-185; PIO-
LANTI, Mistero Eucaristico, 241-250 (mustergültige Darstellung der
thomistischen Transsubstantiationslehre).

[197] IIIa q.75 a.1: quod verum corpus Christi et sanquinem esse in hoc
sacramento, neque sensu neque intellectu deprehendi potest, sed sola
fide, quae auctoritati divinae innititur. Der *Katechismus der Katholischen Kirche* (Nr. 1381) hat diese Stelle wörtlich in sein Lehrstück
über das sakramentale Opfer übernommen.

[198] Zu deren Authentizität, die heute nicht mehr in Frage gestellt wird:
Pierre-Marie GY, L'Office du Corpus Christi et S. Thomas d'Aquin,
in: RSPhTh 64 (1980) 491-507; TORRELL, Magister Thomas, 148-
154. Zu deren Theologie und Poetik: Sisto TERAN, Santo Tomas,
Poeta del Santissimo Sacramento, Buenos Aires 1979, passim.

„Dogma datur Christianis / Quod in carnem transit panis / Et vinum in sanquinem. / Quod non capis, quod non vides / Animosa firmat fides: Zum Dogma ist es den Christen gegeben, daß Brot sich in Fleisch wandelt, Wein in Blut: Sehen kannst du's nicht, noch fassen, starker Glaube wird's nicht lassen ...“ (11-12).

Das heißt jedoch nichts weniger als daß deshalb die theologische Vernunft, die *ratio fide illustrata*, ausgeschaltet, ungebührlich beschnitten oder unterdrückt wird. Dies zeigt sich an den zahlreichen Konvenienzgründen, die der Aquinate in diesem Zusammenhang für die höchste Angemessenheit dieses Mysteriums anführt (IIIa q.75 a.1): Während die Opfer des Alten Bundes nur auf Christus hinweisen, soll das Opfer des neuen Bundes mehr sein – Christus selbst ist in ihm gegenwärtig:

„Vetustatem novitas / Umbram fugat veritas / Noctem lux eliminat: Neues treibt das Alte fort, Schatten scheucht der Wahrheit Wort, Und das Licht verbannt die Nacht.“ (Lauda Sion 8).

Das gesamte, von Thomas verfaßte Fronleichnamsoffizium, die ganz spezielle, dort bis ins Kleinste durchdachte und kunstvoll arrangierte Zusammenstellung von Texten aus dem Alten und dem Neuen Testament sowie der Tradition lebt von diesem Gedanken.[199]

---

[199] Vgl. dazu: P. DESCOURTIEUX, Theologie und Liturgie der Eucharistie beim hl. Thomas von Aquin, in: UVK 8 (1978) 18-23.

Konvenient ist diese Gegenwart zudem angesichts der in der Inkarnation sichtbar gewordenen Liebe Gottes zum Menschen. Diese Liebe sollte auch nach dem Erdenleben des Gottmenschen in ihrer Fülle fortdauern – in der beständigen und realen Gegenwart Christi selbst tut sie dies wirklich.

Aber dies sind doch nur Konvenienzgründe: Die Tatsache der Gegenwart Christi ist der Theologie schon mit den Worten Christi (Lk 22,19) selbst vorgegeben, sie muß von der Theologie nicht mehr beweisend gesucht werden. Deren Aufgabe ist es vielmehr weiter in dieses große Mysterium einzudringen, über die genauere Art der Verwandlung nachzudenken und die entstellenden Irrlehren zurückzuweisen.

Und hier ist es bezeichnend, daß Thomas ebenfalls schon in der ersten Quaestion sofort die Irrlehre jener zurückweist, die behaupten,

> „daß der Leib und das Blut in diesem Sakramente nur wie in einem Zeichen seien. Das ist als Irrlehre zu verwerfen, da es den Worten Christi widerspricht."[200]

Wenn Thomas hier auch den Symbolismus Berengars im Auge hatte, so ist die große Aktualität seiner Worte für unsere Zeit auch hier nicht zu übersehen! Des weiteren weist Thomas (q.75 a.2) die von einigen Anhängern Berengars vertretene[201] Impana-

---

[200] IIIa q.75 a.1: Quae quidam non attendes posuerunt corpus et sanquinem Christi non esse in hoc sacramento nisi sicut in signo, quod est tamquam haereticum abjiciendum, utpote verbis Christi contrarium ...

[201] Vgl. GUITMUND von AVERSA, De corporis et sanquinis Christi veritate in Eucharistia, PL 149, 1427-1512.

tionslehre mit tiefgehenden Überlegungen zurück; zugrunde-
liegt dieser Irrlehre nämlich die falsche, auch von den Nominalisten mit weitreichenden Folgen verfochtene[202] Idee, daß eine
örtliche Bewegung Christi vom Himmel in die Hostie stattfin-
det. Christus wäre danach nicht mehr im Himmel, sondern hätte
sich zur Brotsubstanz örtlich hinzugesellt. Eine Wandlung im
vollen Sinne des Wortes kann es hier gar nicht mehr geben.
Ebenfalls von den Nominalisten resp. Skotisten des 14. und 15.
Jahrhunderts gelehrt wurde die bereits von Thomas im 3. Artikel seiner 75 Quaestion zurückgewiesene, eine echte Wesensverwandlung ebenfalls unmöglich machende[203] Vorstellung der
Annihilation[204] der Substanzen von Brot und Wein.

Was all diese irrigen Vorstellungen übersehen, ist die Tatsache,
daß die vom Dogma gelehrte Verwandlung vollständig von natürlichen Veränderungen verschieden resp. strikt „gänzlich
übernatürlich und von Gottes Kraft allein bewirkt"[205] ist. Die
Veränderungen im Reich der Natur beziehen sich immer nur auf

---

[202] Die Ablehnung der Realdistinktion von Substanz und Akzidens
führte die Nominalisten dazu, die Gegenwart Christi in der Eucharistie
als Gleichheit des Ortes des Brotes mit dem Leib resp. des Weines mit
dem Blut Christi zu erklären. Luther hat diese Vorstellung – wohl von
Peter d'Ailli - übernommen und ist so zu seiner vom Konzil von Trient
verurteilten Konsubstantiationslehre gekommen.

[203] PIOLANTI, Mistero Eucaristico, 244: „Per S. Tommaso il concetto
di annichilazione esclude quello di conversione e viceversa ...".

[204] Ganz allgemein lehrt Thomas, daß Gott generell nichts gänzlich
vernichtet: Ia q.104 a.4: Unde simpliciter dicendum est, quod nihil
omnino in nihilum redigetur.

[205] IIIa q.75 a.4: est omnino supernaturalis, sola Dei virtute effecta.

die Form, nie das ganze Ding, dessen letztes Sein ihm unter jeder Veränderung bleibt.

Gott als *Actus purus et infinitus*, als absolut unbegrenzte Wirklichkeit und Ursache aller Wirklichkeit, kann jedoch die gesamte Natur eines Seienden erfassen und komplett verwandeln. Eben dies ist bei der eucharistischen Wandlung der Fall: *In instanti*, im zeitlosen Augenblick, verwandelt er die ganze Substanz von Brot und Wein in Christi Leib und Blut:

> „Somit ist diese Verwandlung nicht eine der Form, sondern der Substanz. Auch fällt sie nicht unter die Arten der natürlichen Bewegung, sondern kann mit dem Eigennamen ‚Wesensverwandlung' [Umsubstanzung] benannt werden."[206]

Unübersehbar ist, welch zentrale Stelle hier die thomistische Lehre der Realdistinktion von Substanz und Akzidens besitzt. Dies wird besonders deutlich bei der Erklärung des Zeugnisses der Sinne, die auch nach der Konsekration alle Eigenschaften des Brotes und Weines wahrnehmen: Was die Sinne wahrnehmen sind jedoch lediglich die ohne einen stützenden Grund zurückgebliebenen Akzidentien von Brot und Wein, die Substanz des Brotes jedoch ist in die Wesensform des Leibes, die des Weines in die des Blutes verwandelt. Während die Akzidenzien, Brot- und Weinsgestalt, von unseren Sinnen wahrgenom-

---

[206] IIIa q.75 a.4: Unde haec conversio non est formalis, sed substantialis; nec continetur inter species motus naturalis, sed proprio nomine potest dici 'transubstantiatio'.

men werden, ist die Substanz das eigentümliche Objekt des Verstandes: dieser aber wird durch den übernatürlichen Glauben vor einer Täuschung bewahrt[207]:

> „Da soll der Glaube Raum haben, da etwas Sichtbares unsichtbarerweise, unter fremder Gestalt verhüllt genossen wird. Durch den Glauben werden die Sinne vor Täuschung bewahrt, die nur nach der äußeren, ihnen bekannten Erscheinung urteilen."[208]

Dieses eigentümliche Zusammen von Brot- und Weinsakzidenzien mit der Substanz des Leibes und Blutes Jesu Christi ist nicht nur im Hinblick auf den dem Menschen angemessenen Empfang dieses Sakramentes konvenient, sondern fördert auch die Verdienste des Glaubens:

> „Visus, tactus, gustus in te falllitur / Sed auditu solo tuto creditur: Sehen, Schmecken, Tasten bleiben in dir blind; nur allein im Hören Glaubens Stützen sind" (Adoro te 2).

---

[207] IIIa q.75 a.5 ad2: quod in hoc sacramenti nulla est decepito; sunt enim ibi secundum rei veritatem accidentia, quae sensibus dijudicantur. Intellectus autem, cujus est proprium objectum substantia ... per fidem a deceptione praeservatur. Dazu auch : GY, L'Office du Corpus Christi et la théologie des accidents eucharistiques, in : RSPhTh 66 (1982) 81-86.

[208] Predigt des heiligen Thomas von Aquin zum Fronleichnamsfest, 5. Lesung der Matutin: Accidentia autem sine subjecto in eodem subsistunt, ut fides locum habeat, dum visibile invisibiliter sumitur aliena specie occultatum; et sensus a deceptione reddantur immunes, qui de accidentibus judicant sibi notis.

Bereits im Sentenzenkommentar führt der *Doctor Communis* aus, daß der Glaube besonders stark gefördert wird, da ihn dieses Sakrament dazu bringt, seine Zustimmung „nicht nur über die Vernunft hinaus, sondern sogar gegen die Sinneswahrnehmung"[209] zu geben. Und dies nicht nur im Hinblick auf die Gottheit Jesu Christi, sondern auch auf seine wahre Menschennatur:

> „In Cruce latebat sola Deitas, / At hic latet simul et humanitas, / Ambo tamen credens atque confidens, / Peto, quod petivit latro poenitens: Am Kreuzesstamme war die Gottheit nur verhüllt, hier hüllt die Menschheit auch sich gnädig in ein Bild. Doch beide glaubt mein Herz und bekennt mein Mund. Wie einst der Schächer tat in seiner Todesstund." (ibid., 3)

Das Dogma der Wesensverwandlung ist - wie auch der Aquinate betont - aufs engste und notwendigerweise mit jenem der Realpräsenz verbunden.[210] So hat der engelgleiche Lehrer mit seiner Erklärung der Transsubstantiation die Fundamente für seine genauere Untersuchung der Existenzweise Christi im Sakrament des Altares gelegt.

Bevor wir zu dieser fortschreiten, bedürfen hier aber noch zwei wichtige Fragen einer eigenen Klärung:

---

[209] IV. Sent. d.10 q.1 a.1 : et maxime meritum fidei in hoc quod creduntur multa in hoc sacramento quae non solum praeter rationem sunt, sed etiam contra sensum ...

[210] Vgl. Vincenzo CACHIA, De natura transsubstantiationis iuxta S. Thomam et Scotum, Rom 1929, 10-12.

Zunächst jene, ob man Thomas tatsächlich als „'Erfinder' der
später auf dem Trienter Konzil als Dogma verkündeten Transsubstantiationslehre"[211] bezeichnen kann. Dies ist klar zu ver-
neinen, da es in dieser Pauschalität falsch ist. Diese unkorrekte
Einschätzung war aller Wahrscheinlichkeit nach einer der
Gründe für Luthers auch antithomistisch motivierte Ablehnung
des Dogmas als „Menschenfündlein" und sein Abgleiten in die
heterodoxe Konsubstantiationslehre.[212] Theologiegeschichtlich
ist die von Pesch gegebene Einschätzung nicht haltbar. Der
Terminus *transsubstantiatio* begegnet bereits im 11. Jahrhundert bei Lanfrank, in der Theologie des 12. Jahrhunderts (Ste-
phan von Tournai, Petrus Comestor, Magister Roland u.a.) als
feststehender Ausdruck. Das Lehramt sanktioniert ihn endgültig
bereits 20 Jahre vor der Geburt des Aquinaten.[213] Von einer
„Erfindung" des Thomas, die Pesch gar noch in einem seltsamen Anachronismus als „ganz modernistische Theorie"[214] bezeichnet, kann also gar keine Rede sein. Dennoch soll natürlich
überhaupt nicht bestritten werden, daß Thomas das vorgefunde-
nen Dogma („Dogma datur christianis"!) wie keiner vor ihm
spekulativ zu erklären wußte und sich so das Konzil von Trient

---

[211] So PESCH, Thomas von Aquin, 44.

[212] Vgl. Burkhard NEUNHEUSER, Eucharistie in Mittelalter und Neuzeit (HDg IV/4b), Freiburg/Breisgau 1963, 51-55.

[213] 1202 Papst Innozenz in einem Dekretale (DH 782-784); 1215 das
IV. Laterankonzil (DH 802). Zu der Entwicklung: NEUNHEUSER,
Eucharistie im Mittelalter, 19-24.

[214] PESCH, Thomas von Aquin, 44.

in sehr auffälliger Weise seiner luziden Ausführungen bedient
hat.

Zweitens ist auf einen, seit etwa 1950 besonders häufig erhobenen Einwand gegen die Transsubstantiationslehre einzugehen.
Dieser führt ins Feld, der Substanzbegriff des Aquinaten und
des Konzils von Trient sei heute aufgrund der modernen Physik
fragwürdig, wenn nicht ganz obsolet geworden und so durch
andere Begriffe zu ersetzen. Diese Argumentation lebt ganz
zentral von einem schwerer Denkfehler: Der dem Dogma zugrundeliegende metaphysische Substanzbegriff, der mit dem
sens commun so wunderbar harmonisiert[215], ist völlig unabhängig von den Forschungsergebnissen der modernen Physik: Die
moderne Physik lehnt den Begriff der Substanz in dem Sinn ab,
„daß sie eben nur die Phänomene zu untersuchen beabsichtigt,
d.h. die meßbaren Manifestationen der Natur. Selbstverständlich verläuft das naturwissenschaftliche Denken auf einem anderen Reflexionsniveau als die Seinsphilosophie. Die Betrachtungsweise der Physik besagt nicht, daß auf der ontologischen
Ebene eine Substanz nicht angenommen werden könnte."[216]

Darüber hinaus kann man sogar sagen, daß die moderne Physik
im Grunde genommen überhaupt keinen echten Substanzbegriff

---

[215] GARRIGOU-LAGRANGE, De Eucharistia, 116-120; ID., Le sens
commun, Paris ³1922, 91-98 ; Hans MEYER, Thomas von Aquin, Paderborn ²1961, 689 : „Die Philosophie des Thomas ist die Philosophie
des natürlichen, philosophisch geläuterten Menschenverstandes ...".
[216] ELDERS, Die Metaphysik des Thomas von Aquin, Bd.I, 199.

kennt. Horst Seidl stellt sehr zutreffend fest: „Ein empiristischer Begriff von Substanz, der sich auf Akzidentelles, hier auf das Quantitative und Qualitative, reduziert, ist gar keiner." Und er schließt daraus völlig richtig, daß nicht nur die Einwände gegen den Substanzbegriff gegenstandslos sind, sondern es zudem für die orthodoxe Erklärung des Dogmas von der Wesensverwandlung und der Realpräsenz unbedingt des klassischen Substanzbegriffes bedarf, „und zwar im einzig möglichen, dem traditionellen Sinne, mit der eindeutigen Unterscheidung von Substanz und Akzidenz."[217] Eben diesen finden wir aber in vollkommener Form beim hl. Thomas.

Die sakramentale Daseinsweise Christi in der Eucharistie[218]

An die 75. Frage der Tertia schließt sich eine Quaestio an, die über die Weise, in der Christus im Sakrament des Altares gegenwärtig ist, handelt. Auch hier betont der hl. Thomas mit größtem Nachdruck:

---

[217] Horst SEIDL, Zum Substanzbegriff der katholischen Transsubstantiationslehre, in: FKTh 11 (1995) 5.

[218] Zu dem Abschnitt: Jean-Baptist GONET, Clypeus theologiae thomisticae, Bd. 6, Ed. Paris 1867, disp. 5; G. REINHOLD, Die Lehre von der örtlichen Gegenwart Christi in der Eucharistie beim hl. Thomas, Wien 1893; GARRIGOU-LAGRANGE, De Eucharistia, 129-171; A. de SUTTER, La notion de présence et ses différentes applications dans la Somme Théologique de Saint Thomas, in: Ephemerides Carmeliticae 17 (1967) 49-69; PIOLANTI, Mistero Eucaristico, 290-371.

„Die Seinsweise, in der Christus in diesem Sakramente ist,
ist völlig übernatürlich"[219].

Nicht der natürliche Erkenntnisweg des Menschen, ja nicht einmal der Verstand der Engel aus seiner Naturkraft genügen, um das aus eigener Kraft zu finden, was uns die göttliche Offenbarung, greifbar im Dogma der Kirche, schenkt:

„Unbedingt ist gemäß dem katholischen Glauben zu bekennen, daß der ganze Christus in diesem Sakramente gegenwärtig ist."[220]

Um diese Gegenwart richtig zu verstehen rekurriert Thomas, wie schon zuvor in der *Summa contra Gentiles* (l.IV, cap.64), auf die Differenzierung zwischen *ex vi sacramenti* und *ex naturali concomitantia*. Eine Unterscheidung, die alle weiteren Ausführungen ganz fundamental bestimmen wird. Christus ist auf zweierlei Weise gegenwärtig:

„Einmal sozusagen kraft des Sakramentes, dann aus naturgemäßer Mitfolge. Kraft des Sakramentes ist unter dessen Gestalten das, in was unmittelbar die vorher vorhandene Substanz des Brotes und Weines verwandelt wird"; d.h. die Substanz von Fleisch und Blut.

„Aus naturgemäßer Mitfolge aber ist in diesem Sakrament jenes, was tatsächlich mit dem verbunden ist, worin die erwähnte Verwandlung ihr Ziel hat"[221].

---

[219] IIIa q.76 a.7: modus essendi quo Christus est in hoc sacramento, est penitus supernaturalis …

[220] IIIa q.76 a.1: quod omnino necesse est confiteri secundum fidem catholicam quod totus Christus sit in hoc sacramento

So sind auch die menschliche Seele und die Gottheit Christi aus tatsächlicher Mitfolge gegenwärtig - Wurde doch die hypostatische Union nie unterbrochen und besteht die reale Vereinigung des Leibes Jesu mit der Seele seit der Auferstehung für immer tatsächlich fort:

> „Und deshalb ist in diesem Sakrament der Leib Christi zwar kraft des Sakramentes, die Seele aber aus tatsächlicher Mitfolge.“[222]

Ebenfalls *concomitanter* ist wegen des jetzigen Zustandes des verklärten Herrn, in dem das Blut nicht vom Leib getrennt ist, unter der Spezies des Brotes nicht nur der Leib, sondern auch das Blut Christi, unter jener des Weines, auch der Leib gegenwärtig (IIIa q.76 a.2)[223]. Diese vom Konzil von Konstanz gegen die Hussiten zum Dogma erhobene Lehre (DH 1198) ist die Grundlage für die Zulässigkeit der Kommunion nur unter der Gestalt des Brotes:

> „Caro cibus, sanquis potus: / Manet Christus totus / Sub utraque specie: Blut als Trank und Fleisch als Speise: Chri-

---

[221] IIIa q.76 a.1: uno modo quasi ex vi sacramenti, alio modo ex naturali concomitantia. Ex vi quidam sacramenti est sub speciebus hujus sacramenti id in quod directe convertitur substantuia panis et vini praeexistens ... Ex naturali autem concomitantia est in hoc sacramento illud quod realiter est conjunctum ei in quod praedicta conversio terminatur.

[222] IIIa q.76 a.1: Et ideo in hoc sacramento corpus Christi est ex vi sacramenti, anima autem Christi ex reali concomitantia.

[223] Vgl. auch : IV Sent. dist.10 a.2; 4; ScG IV cap.64; In Joan VI; lect.6; In I Cor. 11, lect.6.

stus ist auf beide Weise bei uns ungeteilt und ganz." (Lauda Sion 14)

Die Unterscheidung hat aber auch bei der Frage, ob der ganze Christus unter jedem Teil der Gestalten des Brotes und Weines gegenwärtig ist, eine wichtige Schlüsselfunktion: Ist doch *ex vi sacramenti* die Substanz des Leibes Christi, aus realer Mitfolge die Größe der Ausdehnung in diesem Sakrament. Christi Leib ist also substantiell da; die Natur der Substanz ist aber ganz unter jedem Teil der Raummaße:

> „Darum ist offenbar der ganze Christus unter jedem Teil der Gestalten des Brotes ...".[224].

In seiner Predigt zum Fronleichnamsfest, die das Römische Brevier als 5. Lesung der Matutin enthält, sagt der heilige Lehrer:

> „Er wird von den Gläubigen gegessen, doch nicht verletzt; vielmehr bleibt er, wenn das Sakrament ausgeteilt wird, unter jedem einzelnen Teilchen unversehrt zugegen"[225].

Und eindrucksvoll auch im *Lauda Sion*:

> „Fracto demum sacramento,/ Ne vacilles, sed memento,/ Tantum esse sub fragmento,/ Quantum tot tegitur: Wird die Hostie gespalten, zweifle nicht! Laß Glauben walten: Jedem Teile bleibt erhalten doch des ganzen Vollgehalt." (19).

Eng damit zusammenhängend gilt weiterhin:

---

[224] IIIa q.76 a.3: Et ideo manifestum est quod totus Christus est sub qualibet parte specierum panis ...

[225] Manducatur itaque a fidelibus, sed minime laceratur; quinimmo, diviso sacramento, sub qualibet divisionis particula integer perseverat.

„Der Leib Christi ist in diesem Sakrament nicht mit der der räumlichen Ausdehnung eigenen Weise ... Er ist auf keinen Fall örtlich in diesem Sakrament"[226], sondern nur über die sakramentalen Gestalten örtlich bestimmt:

„Jener Ort, an dem sich der Leib Christi befindet, ist nicht leer. Dennoch ist er nicht eigentlich erfüllt von der Substanz des Leibes Christi, die nicht örtlich dort ist. Er ist vielmehr erfüllt von den sakramentalen Gestalten, die den Ort zu erfüllen vermögen ..."[227]

Daraus folgt dann auch, daß Christus strikt genommen auf völlig unbewegte Weise in diesem Sakrament ist und nur mittelbar, indirekt (*per accidens*) von einem Ort zum anderen bewegt wird.

Der Zusammenhang von Akzidenzien und Substanz sollte aber nicht unterschätzt werden, denn er ist im Hinblick auf die Permanenz der realen Gegenwart von großer Bedeutung: Denn der Leib Christi

„bleibt in diesem Sakrament nicht nur bis zum folgenden Tag, sondern auch die künftige Zeit, solange die sakramentalen Gestalten bleiben. Hören diese auf, dann hört auch der Leib Christi auf, unter ihnen zu sein, nicht als ob er von ih-

---

[226] IIIa q.76 a.5: Corpus Christi non est in hoc sacramento secundum proprium modum quantitatis dimensivae ... quod corpus Christi non est in hoc sacramento sicut in loco. Vgl. auch: ScG IV cap.63-64.

[227] Ibid. ad 2: locus ille in quo est corpus Christi non est vacuus; neque tamen proprie est repletus substantia corporis Christi, quae non est ibi localiter ... sed est repletus speciebus sacramentorum ...

nen abhinge, sondern weil seine Beziehung zu jenen Gestalten aufgehoben wird."[228]

Während die Akzidenzien, Brot- und Weinsgestalt, mit dem körperlichen Auge gesehen werden können, bleibt diesem Leib und Blut Christi, wie generell die Substanz, unsichtbar. Erst in der Verklärung, wenn unsere Augen ganz vom übernatürlichen Licht durchflutet sein werden, werden wir den Leib Christi schauend erkennen. Das Licht des Glaubens, in dem wir uns ihm, verborgen unter den Schleiern der Brotsgestalt, jetzt anbetend nahen, ist gleichsam ein helldunkler Vorgeschmack dieser wunderbaren Schau:

> „Jesu, quem velatum nunc aspicio,/ Oro, fiat illud, quod tam sitio:/ Ut te revelata cernens facie, / Visu sim beatus tuae gloriae: O Jesus, nur verhüllt Dich jetzt mein Auge sieht; wann stillst das Sehnen Du, das in der Brust mir glüht: daß ich enthüllet Dich anschau von Angesicht und ewig selig sei in deiner Glorie Licht." (Adoro te 7).

Jean-Pierre Torrell hat hervorgehoben, daß diese eschatologische Spannung in der thomanischen Eucharistielehre große Originalität besitzt und kaum eine Entsprechung bei den anderen Theologen des 13. Jahrhunderts besitzt.[229]

---

[228] IIIa q.76 a.7 ad3: corpus Christi remanet in hoc sacramento non solum in crastino, sed etiam in futuro, quousque species sacramentales manent; quibus cessantibus, desinit esse corpus Christi sub eis, non quia ab eis dependeat, sed quia tollitur habitudo corporis Christi ad illas species ...

[229] Torrell, Magister Thomas, 154.

Dieser eschatologische Vorbehalt gilt auch für die Erklärung der sogenannten eucharistischen Wunder.[230] Bei solchen Erscheinungen sieht man „nicht die eigentliche Gestalt Christi, sondern eine wunderbarerweise entweder in den Augen des Visionärs oder in den räumlichen Dimensionen des Sakramentes selbst geformte Gestalt"[231]; d.h. in letzterem Fall, daß einzelne, in der Quantität ruhende Akzidenzien hervortreten.

Auch in ersterem Fall sollte man dennoch nicht von Täuschung sprechen, da Gott durch solche Wunder das Dogma der beständigen Gegenwart Christi im allerheiligsten Sakrament des Altares verdeutlichen möchte.[232]

Die Gegenwart Christi in der Eucharistie und die Vernunft[233]

In der spekulativen Ausarbeitung der Lehre von der Transsubstantiation resp. Realpräsenz bei Thomas zeigt sich auf be-

---

[230] Vgl. Peter BROWE, Die scholastische Theorie der eucharistischen Verwandlungswunder, in: Theologische Quartalschrift 110 (1929) 305-332.

[231] IIIa q.76 a.8 ad2: in hujusmodi apparitionibus ... non videtur propria species Christi, sed species miraculose formata vel in oculis intuentium, vel etiam in ipsis sacramentalibus dimensionibus ...

[232] Vgl. dazu JOHANNES a S. THOMA, Cursus Philosophicus: Logica q.23 a.2 und GARRIGOU-LAGRANGE, De Eucharistia, 152-155.

[233] Zu dem Abschnitt: Charles René BILLUART, De mente Ecclesiae catholicae circa accidentia Eucharistiae, Lüttich 1715; DIEKAMP/-JÜSSEN, III, 159-168.

sonders beeindruckende Weise das wunderbar harmonische Zusammentreffen von Mysterium und Vernunft, von *fides* und *ratio*. Dies wird besonders dort deutlich, wo der engelgleiche Lehrer die Seinsweise der zurückbleibenden Akzidenzien behandelt (IIIa q.77; IV Sent. dist.12 q.1 a.1; ScG IV cap. 62-63; Quodl. 3 a.1,9; In I Cor. 11, lect.5).

Die Realdistinktion von Substanz und Akzidens ist ein dem *sens commun* leicht einsichtiges Faktum. Im natürlichen Bereich ist uns jedoch aufgrund der Unselbständigkeit des Akzidens eine reale Trennung zwischen beiden nicht bekannt. Was nach dem Gesetz der Natur unmöglich erscheint, wird aber durch ein besonderes Gnadenrecht möglich gemacht[234]. die von uns wahrgenommenen Akzidenzien des Weines und Brotes, die nach der Konsekration zurückbleiben, werden nicht mehr von der Brot- bzw. Weinsubstanz, die ja nicht mehr existieren, getragen. Nun könnte man auf den ersten Blick denken, sie würden nun von der Substanz des Leibes und Blutes Christi getragen. Aber auch dies ist unmöglich:

> „Denn die Substanz des menschlichen Körpers kann auf keine Weise von diesen Eigenschaften berührt werden. Auch ist es unmöglich, daß der Leib Christi, da er verklärt

---

[234] IIIa q.77 a.1 ad 1: nihil prohibet aliquid esse ordinatum secundum communem legem naturae, cujus tamen contrarium est ordinatum secundum speciale privilegium gratiae ...

und leidensunfähig ist, verändert werde, um dergleichen Beschaffenheiten anzunehmen.“[235]

So bleibt nur, daß die sakramentalen Gestalten, obgleich sie ihr bisheriges wirkliches Sein bewahren, ohne Inhäsionssubjekt fortdauern:

„Die Akzidenzien in diesem Sakramente bleiben ohne Träger. Das nämlich kann durch göttliche Kraft geschehen. Da nämlich eine Wirkung mehr von der Erst- als von der Zweitursache abhängt, kann Gott, die Erstursache der Substanz und des Akzidenz, durch seine unendliche Kraft eine Eigenschaft im Sein erhalten, auch wenn die Substanz weggenommen ist, durch welche das Akzidenz als durch seine eigentümliche Ursache im Sein erhalten wurde.“[236]

Die Ordnung der Gnade erhebt sich eben majestätisch weit über das Reich der Natur, ohne dieses freilich aufzuheben oder zu entstellen. Die übernatürliche Trennung von Substanz und Akzidenz ist weder logisch widersprüchlich noch innerlich un-

---

[235] IIIa q.77 a.1: quia substantia humani corporis nullo modo potest his accidentibus affici; neque etiam est possibile quod corpus Christi gloriosum et impassibile existens alteretur ad suscipiendas hujusmodi qualitates.

[236] IIIa q.77 a.1: accidentia in hoc sacramento manent sine subjecto. Quod quidam virtute divina fieri potest. Cum enim effectus magis dependeat a causa prima quam a causa secunda, Deus, qui est prima causa substantiae et accidentis, per suam infinitam virtutem conservare potest in esse accidens, subtracta substantia per quam conservabatur in esse sicut per propriam causam. Vgl. auch Opusc. 57: Accidentia enim sine subjecto in eodem existunt ...

möglich, ist doch in der Definition des Akzidenz lediglich der Anspruch auf das aktualisierende Sein in der Substanz eingeschlossen, nicht dieses selbst. Dieser natürliche Anspruch bleibt aber auch nach der übernatürlichen Wesensverwandlung bestehen.[237]

Daraus ergeben sich dann einige weitere wichtige Konklusionen: Es ist unter den Akzidenzien die Quantität, die räumliche Ausdehnung, als das erste Akzidenz jeden Körpers, die unmittelbar von der göttlichen Allmacht erhalten bleibt. Alle anderen Akzidenzien sind in ihr, als ihrem nächsten, unmittelbaren Träger (IIIa q.72 a.2).

Weiterhin bewahren die Species, da sie in ihrem früheren Sein erhalten bleiben, auch ihr früheres Wirkvermögen (ibid. a.3). Sie können aber nicht nur andere Körper verändern, sondern auch selbst der Auflösung (*corruptio*) anheimfallen: Ist diese soweit fortgeschritten, daß die ursprünglich vorhandene Substanz von Brot und Wein ebenfalls aufgelöst wäre, etwa durch eine Pulverisierung der Brotspezies, hört auch die Gegenwart Christi auf (ibid. a.4).

Eine solche Veränderung der Gestalten führt aber zu keinerlei Veränderung des himmlischen Leibes des Gottmenschen. Dies zeigt sich auch bei der Brechung der sakramentalen Gestalt der Hostie in der heiligen Messe, die „das Sakrament des Herren-

---

[237] Vgl. P. SEDLMAYR, Die Lehre des hl. Thomas von den accidentia sine subjecto remanentia, in: DT (F) 3-12 (1934) 315-326.

leidens, das am wahren Leib Christi geschehen ist" metonymisch darstellt:

> „Es läßt sich aber nicht sagen, daß der wahre Leib Christi
> selber gebrochen werde. Erstens, weil er unversehrbar und
> leidensunfähig ist. – Zweitens, weil er ganz unter jedem Teil
> ist, was aber nicht vereinbar ist mit dem, was gebrochen
> wird."[238]

Das Mysterium, der Jubel und die Anbetung

Nicht nur zwischen Berengars Symbolismus auf der einen und
der Identifikation des eucharistischen Leibes Christi mit dessen
figura auf der anderen Seite; auch zwischen den heutigen
heterodoxen Auffassungen steht die Lehre des hl. Thomas, die
mit jener der Kirche eine solch wunderbare Einheit aufweist:
Nicht wie ein Kompromiß, sondern als die höhere Mitte, die die
ewige göttliche Wahrheit spiegelt wie ein hochgelegener kristallklarer Bergsee die Sonne. Die überzeitliche Gegenwart Jesu
Christi in der Eucharistie hat hier einen eindeutigen, durch
nichts zu erschütternden „Vorrang vor unserem Bewußtsein und

---

[238] IIIa q.77 a.7: Non autem potest dici quod ipsum corpus Christi
verum frangatur, primo quidam quia est incorruptibile et impassibile. –
Secundo quia est totum sub qualibet parte, ut supra habitum est, quod
quidem est contra rationem ejus quod frangitur ... ita fractio hujusmodi
specierum est sacramentum dominicae passionis, quae fuit in corpore
Christi vero.

Begreifen"[239]. Mit ihrer klaren Unterscheidung von Substanz und Akzidenz, die der Transsubstantiationslehre, auf der das Dogma von der Realpräsenz fußt, so hervorragend korreliert, wird sie nicht nur der Logik gerecht, sie wahrt auch wie sonst keine Konzeption die objektive, übernatürliche Realität des Mysteriums und wehrt dessen Subjektivierung resp. einer Habhaftmachung des Göttlichen durch dessen Materialisierung. Den ganzen Traktat durchzieht als Leitmotiv: Obgleich die Substanz des Brotes *totaliter* und im eigentlichen Sinne in den Leib Christi verwandelt wird (*transsubstantiatio conversiva seu proprie dicta*) und so Christus wirklich, totaliter und dauernd gegenwärtig wird, erleidet doch der Leib Christi in keiner Weise irgendeine Veränderung.[240]

Tief und kühn geht die thomistische Spekulation der vom Glauben erleuchteten Vernunft vor und doch verbeugt sie sich demütig wie keine sonst vor der Übernatürlichkeit des Mysteriums, das ihr im Dogma der Kirche gegenübertritt.

Wie der Aquinate mit dem Hinweis auf die Tatsache, daß es sich bei der hl. Eucharistie um eine Mysterium im striktesten Sinne handelt, die Pforten seiner spekulativen Behandlung des Dogmas öffnet; so mündet seine Theologie in jene die Haltung gegenüber dem Mysterium adäquat zum Ausdruck bringenden Akte des Lobgesangs und der Anbetung.

---

[239] SEIDL, Substanzbegriff, 16.
[240] Vgl. GARRIGOU-LAGRANGE, De Eucharistia, I.

Nicht nur der Jubel der Fronleichnamshymnen kündet hiervon. Auch das oben bereits wiedergegebene Gebet, mit dem der große und doch so demütige Lehrer sein Leben beschließt, zeigt dies eindrücklich.

V. THOMAS - DER MANN DES NEUEN JAHRTAUSENDS

Nicht nur im Leben des heiligen Thomas, als Quelle seiner Heiligkeit, sowie in seinem theologischen Arbeiten als *locus theologicus* spielt die Liturgie eine zentrale Rolle.

In der Philosophie und Theologie des Aquinaten finden sich darüber hinaus alle Elemente zum Bau einer Fundamentalliturgik, die eine in ihrem Wert kaum zu überschätzende Grundlage für ein „Anfangen von innen her" ist.

Einer Liturgik, die wahrhaft einer Liturgie korreliert, die „der Höhepunkt, dem das Tun der Kirche zustrebt, und zugleich die Quelle, aus der all ihre Kraft strömt" (SC 10) ist. Einer Liturgik, die den größten Gefahren, die derzeit der Liturgie drohen: Anthropozentrismus, Naturalismus und pelagiansierender Aktionismus, wie keine andere entgegengesetzt ist. Gerade darin zeigt sie ihre große, bislang völlig übersehene Aktualität als Gleichzeitigkeit des Ungleichzeitigen.

In unserer Untersuchung ist zum einen deutlich geworden, daß der Thomist, der den hl. Thomas wirklich verstehen will, auch die klassische, römisch-katholische Liturgie[241] als jenen Lebensraum, in dem das Werk des Aquinaten gewachsen ist und so überreichlich Frucht getragen hat, kennen muß. Man braucht

---

[241] Die meisten der liturgischen Texte, die der hl. Thomas in seinen Schriften anführt, sind nach der Liturgiereform verschwunden oder wurden an den Rand gedrängt (wie etwa die Dreifaltigkeitspräfation und das Gebet zur Komplet).

nicht erst Gadamer gelesen haben, um zu wissen: Je mehr sich der Verstehenskontext des Rezipienten eines Textes jenem des Autors nähert, umso besser wird er das vom Autor Gesagte verstehen.[242]

Zum anderen scheint offensichtlich, daß die von Kardinal Ratzinger geforderte „Wiederentdeckung der lebendigen Mitte" der katholischen Liturgie, die längst überfällige „Reform der Reform", die von Kardinal Stickler angemahnte Bewahrung heiliger Riten wie auf keinen Theologen sonst auf den hl. Thomas verwiesen ist.

Franziskus Sylvestris von Ferrara (+ 1528), der so treue Interpret der Gnadenlehre des Aquinaten und berühmte Kommentator der *Summa contra gentiles*, hat den Heiligen von Aquino als *homo omnium horarum*, als Mann für alle Stunden und Zeiten, bezeichnet. Keine Zeit aber hat jemals den hl. Thomas so dringend gebraucht wie die unsere.

Das anbrechende neue Jahrtausend muß, soll es denn die glücklichen Zeiten heraufführen, auf die Papst Johannes Paul II. hofft, nicht nur im Bereich der Liturgie, aber vor allem auch hier, ein thomistisches sein:

„Größer als je kommt uns der engelgleiche Lehrer von neuem mit Riesenschritten entgegen."[243]

---

[242] Vgl. Anselm GÜNTHÖR, 50 Jahre „Humani generis" und der Thomismus, in: Berger (Hg.), Die Enzyklika „Humani generis", 96-97.
[243] Gilbert Keith CHESTERTON, Thomas von Aquin, Heidelberg ²1957, 223.

VI. Literaturverzeichnis

Die Werke des hl. Thomas werden (wo nicht ausdrücklich anders angegeben) zitiert nach der *Leonina*: Sancti THOMAE AQUINATIS doctoris angelici: Opera Omnia iussu Leonis XIII. P.M. edita, cura et studio fratrum praeticatorum, Romae 1882 ff. (Die in den letzten Bänden der *Leonina* eingeführte historisierende Schreibweise wurde zwecks besserer Leserlichkeit nicht übernommen, sondern an die im deutschen Sprachraum übliche Schreibweise angeglichen).
Die deutsche Übersetzung der *Summa theologiae* folgt in den meisten Fällen der Deutschen Thomasausgabe (DThA, 1933 ff.), jene der *Summa contra gentiles* der Ausgabe von ALBERT und ENGELHARDT (Darmstadt 1974‑1996); alles andere wurde, wo keine anderslautenden Angaben gegeben werden, vom Autor selbst übersetzt.
Die Abkürzungen richten sich nach dem Abkürzungsverzeichnis der 3. Auflage des *Lexikons für Theologie und Kirche* (1993) und Schwertner (^{2}1994).

AMERIO, Romano: Iota Unum. Eine Studie über die Veränderungen in der katholischen Kirche im XX. Jahrhundert, Schönenberg 2000.

ARGAN, Giulio Carlo: Fra Angelico. Biographisch- kritische Studie, Genf 1955.

AUTIERO, Antonio (Hg.): Herausforderung Aggiornamento. Zur Rezeption des Zweiten Vatikanischen Konzils, Altenberge 2000.

BECK, Magnus: Wege der Mystik bei Thomas von Aquin, St. Ottilien 1990.

BERGER, David: Die geschichtliche Entwicklung der Lehre vom *character indelebilis*, in: UVK 26 (1996) 182-189.

---: Der heilige Thomas von Aquino und die Liturgie, in: UVK 27 (1997) 76-84.

---: Die letzte Schrift des hl. Thomas von Aquin, in: FKTh 14 (1998) 221-230.

---: Rez. zu Torrell, Maître spirituel, in: FKTh 14 (1998) 69-71.

---: Rez. zu Hoping, Weisheit, in: LebZeug 53 (1998) 314- 315.

---: Natur und Gnade, Regensburg 1998.

---: Revisionistische Geschichtsschreibung, in: Theologisches 29 (1999) 3-13.

---: Thomas von Aquin - Lehrer der Spiritualität, in: Der FELS 30 (1999) 12-15.

---: Ratio fidei fundamenta demonstrat. Fundamentaltheologisches Denken zwischen 1870 und 1960, in: Hubert Wolf (Hg.), Die katholisch-theologischen Disziplinen in Deutschland 1870-1962, Paderborn 1999, 95-128.

---: „S. Thoma praesertim magistro ...“ - Überlegungen zur Aktualität des Thomismus, in: FKTh 15 (1999) 180-202.

--- (Hg.): Die Enzyklika „Humani generis“ Papst Pius' XII. 1950-2000, Köln 2000.

---: Offenbarung und Glaube. Eine fundamentaltheologische Untersuchung, in: UVK 30 (2000) 195-214.

---: Jean Baptiste Gonet OP, in: BBKL XVII (2000) 485-486.

---: War Karl Rahner Thomist? Überlegungen anhand der Rahnerschen Gnadenlehre, in: Divinitas 43 (2000) 155-199.

BERTHIER, Jacques J.: Sanctus Thomas Aquinas „Doctor Communis“ Ecclesiae, Vol.I: Testimonia Ecclesiae, Romae 1914.

BILLUART, Charles René: De mente Ecclesiae catholica circa accidentia Eucharistiae, Lüttich 1715.

BONINO, Sergé-Thomas (Ed.): Saint Thomas d'Aquin et le Sacerdoce. Actes du colloque organisé par l'Institut Saint-Thomas-d'Aquin les 5 et 6 juin à Toulouse (= RTh 1-1999), Toulouse 1999.

BOROBIA, C.: La liturgia come lugar teológico sacramentaria de santo Tomás, in: Miscelanéa P. Cuervo, Salamanca 1970, 229-254.

BRENNAN, Robert E.: Thomistische Psychologie, Heidelberg 1957.

BROWE, Peter: Die scholastische Theorie der eucharistischen Verwandlungswunder, in: ThQ 110 (1929) 305-332.

CAPPELLI, Tullio: La significazione sacramentale, in: StTom 13 (1981) 424-427.

CESSARIO, Romanus: Le Thomisme et les Thomistes, Paris 1999.

CIEL (Hg.): Altar und Opfer, Poissy 1997.

CLEMENT, André: La sagesse de Thomas d'Aquin, Paris 1983.

COLOSIO, I: La lode divina nel commento ai Salmi di S. Tommaso, in: Rassegna di ascetica e mistica 43 (1975) 179-186.

DARMS, Gion : 700 Jahre Thomas von Aquin. Gedanken zu einem Jubiläum, Freiburg/Schweiz 1974.

DESCOURTIEUX, Paul: Theologie und Liturgie der Eucharistie beim hl. Thomas von Aquin, in: UVK 8 (1978) 18-23.

DIEKAMP/JÜSSEN: Katholische Dogmatik nach den Grundsätzen des heiligen Thomas, III, Münster [11-12]1954.

DÖRHOLT, Bernhard: Der Predigerorden und seine Theologie. Jubiläumsschrift, Paderborn 1917.

ELDERS, Leo J.: Die Metaphysik des Thomas von Aquin, I, Salzburg 1985.

FERNANDEZ, P.: Liturgia y teologia. La historia de un problema metodológico, in: CienTom 99 (1972) 135- 179.

FLOUCAT, Yves: Vocation de l'homme et sagesse chrétienne, Paris 1989.

FRIES, Albert : Die eucharistische Konzelebration in der theologischen Kontroverse des 13. Jahrhunderts, in: Franz Groner (Hg.), Die Kirche im Wandel der Zeit (FS Kardinal Höffner), Köln 1971, 341-352.

---: Einfluß des Thomas auf liturgisches und homiletisches Schrifttum des 13. Jahrhunderts, in: Willehad Paul Eckert (Hg.), Thomas von Aquino. Interpretation und Rezeption, Mainz 1974, 309-453.

GAILLARD, J.: La théologie des mystères, in: RTh 57 (1957) 510-551.

GAMBER, Klaus: Fragen in die Zeit, Regensburg 1989.

GARRIGOU-LAGRANGE, Réginald: Mystik und christliche Vollendung, Augsburg 1927.

---: Le Sacrifice de la Messe, Var 1933.

---: De Deo uno. Commentarium in Primam Partem S. Thomae, Romae-Paris [2]1937.

---: De Eucharistia. Commentarius in Summam theologicam S. Thomae, Romae-Taurini 1946.

---: De Christo Salvatore. Commentarius in IIIam Partem Summae thelogicae s. Thomae, Romae-Taurini 1946.

---: La mère de Sauveur, Paris-Montreal 1948.

---: La synthèse thomiste, Paris [2]1950.

GONZÁLEZ FUENTE, Antolin: La theologia nella liturgia e la liturgia nella teologia in san Tommaso d'Aquino, in: Ang 74 (1997) 359-417. 551-601.

GRABMANN, Martin: Die Kulturphilosophie des hl. Thomas von Aquin, Augsburg 1925.

---: Einführung in die Summa theologiae des heiligen Thomas von Aquin, Freiburg/Breisgau [1]1928.

---: Das Seelenleben des hl. Thomas von Aquin, Freiburg/-Schweiz ²1949

---: Thomas von Aquin. Persönlichkeit und Gedankenwelt: Eine Einführung, München ⁸1949.

GUARDINI, Romano: Vom Geist der Liturgie, Freiburg/Breisgau ⁶1962.

GUMANN, Markus: Vom Ursprung der Erkenntnis des Menschen bei Thomas von Aquin. Konsequenzen für das Verhältnis von Philosophie und Theologie, Regensburg 1999.

GY, Pierre-Marie : L'Office du Corpus Christi et S. Thomas d'Aquin, in: RSPhTh 64 (1980) 491-507.

--- : L'Office du Corpus Christi et la théologie des accidents eucharistiques, in : RSPhTh 66 (1982) 81-86.

HANSSENS, Jean-Michel: De Natura Liturgiae ad mentem S. Thomae, in: PRMCl. 24 (1935) 127-165.

HOERES, Walter: Gottesdienst als Gemeinschaftskult – Ideologie und Liturgie, Bad Honnef 1992.

HOLBÖCK, Ferdinand: Thomas von Aquin als „Doctor Angelicus", in: StTom 2 (1977) 199-217.

HOPING, Helmut: Weisheit als Wissen des Ursprungs. Philosophie und Theologie in der „Summa contra gentiles" des Thomas von Aquin, Freiburg/Breisgau 1997.

HULL, Geoffrey: The banished Heart, Richmond 1995.

INGARDIA, Richard: Thomas Aquinas. International Bibliography 1977-1990, Bowling Green - Ohio 1993.

JENKINS, John I.: Knowledge and Faith in Thomas Aquinas, Cambridge 1997.

JOHANNES PAUL II: Die Schwelle der Hoffnung überschreiten, Hamburg 1994.

JUNGMANN, Joseph A.: Missarum Sollemnia, Wien ²1949.

KLEBER, Hermann: Glück als Lebensziel. Untersuchungen zur Philosophie des Glücks bei Thomas von Aquin, Münster 1988.

KOSTER, Mannes D.: Ekklesiologie im Werden, Paderborn 1940.

KRANEMANN, Benedikt: Liturgiewissenschaft angesichts der Zeitenwende, in: Hubert Wolf (Hg.), Die katholisch-theologischen Disziplinen in Deutschland 1870-1962, Paderborn 1999, 351-376.

LAIS, Hermann: Die Gnadenlehre des heiligen Thomas in der Summa Contra Gentiles und der Kommentar des Franziskus Sylvestris von Ferrara, München 1951.

LAKEBRINK, Bernhard: Hegels dialektische Ontologie und die thomistische Analektik, Köln 1955.

---: Klassische Metaphysik. Eine Auseinandersetzung mit der existentialen Anthropozentrik, Freiburg 1967.

---: Die Wahrheit in Bedrängnis, Stein am Rhein 1986.

---: Perfectio omnium perfectionum (StTom 24), Città del Vaticano 1984.

LECCISOTTI, Tommaso: Il Dottore angelico a Montecassino, in: RFNS 32 (1940) 519-547.

LÉCUYER, Joseph: Réflexions sur la théologie du culte selon saint Thomas, in: RTh 55 (1955) 339-362.

LEMONNYER, A. : L'oraison et la liturgie d'après St. Thomas, in : Vie spirituelle 11 (1924) 5-16.

LOHAUS, Gerd: Die Geheimnisse des Lebens Jesu in der Summa theologiae des heiligen Thomas von Aquin, Freiburg/Breisgau 1985.

LORENZER, Alfred: Das Konzil der Buchhalter, Frankfurt/-Main [1]1984.

MACRELLI, Ciro: La lode e il canto in San Tommaso d'Aquino, in: StTom 13 (1981) 447-453

MAIDL, Lydia: Desiderii interpres. Genese und Grundstruktur der Gebetstheologie des Thomas von Aquin, Paderborn 1994.

MANSER, Gallus M.: Das Wesen des Thomismus, Freiburg/-Schweiz [3]1949.

MARIN-SOLÁ, Francisco: L'Evolution homogène du dogme catholique, Vol. I, Madrid [2]1963.

MARIMON, Richard: De Oratione. Juxta S. Thomae doctrinam, Rom-Puerto Rico 1963.

MASI, R.: La conversione eucaristica nella teologia odierna, in: Divinitas 2 (1966) 272-315.

MAY, Georg: Die Liturgiereform des Zweiten Vatikanischen Konzils, in: Hansjakob Becker (Hg.), Gottesdienst - Kirche - Gesellschaft, St. Ottilien 1991.

MEEGEREN, D. van: De Causalitate instrumentali Humanitatis Christi juxta D. Thomae doctrinam, Romae-Venlo 1939.

MENESSIER, J.: L'idée du sacré et le culte d'après S. Thomas, in: RSPhTh 19 (1930) 63-82.

METZ, Johann B.: Christliche Anthropozentrik. Über die Denkform des Thomas von Aquin, München 1962.

METZ, Wilhelm: Die Architektonik der Summa Theologiae des Thomas von Aquin. Zur Gesamtsicht des Thomanischen Gedankens, Hamburg 1998.

METZGER, Marcel: Geschichte der Liturgie, Paderborn 1998.

MEYER, Hans: Thomas von Aquin, Paderborn [2]1961.

MILANO, A.: Il Sacerdozio nella Ecclesiologia di S. Tommaso d'Aquino, in: Asprenas 17 (1970) 59-107.

MILLET-GÉRARD, Dominique: Claudel thomiste?, Paris 1999.

MORGOTT, Franz von Paula: Der Spender der heiligen Sakramente nach der Lehre des heiligen Thomas von Aquin, Freiburg/Breisgau 1886.

MOSEBACH, Martin: Was die klassische römische Liturgie für das Gebet bedeutet, in: PMT 9-1995, 4-25.

NEUNHEUSER, Burkhard: Eucharistie in Mittelalter und Neuzeit (HDg IV/4b), Freiburg/Breisgau 1963.

NYSSEN, Wilhelm (Hg.): Simandron - Der Wachklopfer. Gedenkschrift für Klaus Gamber (1919-1989), Köln 1989.

O'MEARA, Thomas F.: Thomas Aquinas Theologian, Notre Dame 1997.

OPPENHEIM, Philippus: Principia theologiae liturgicae, Taurini 1947.

PARSCH, Pius: Das Jahr des Heiles, III, Klosterneuburg 1938.

PESCH, Otto-Hermann: Thomas von Aquin. Grenze und Größe mittelalterlicher Theologie, Mainz ^{3}1995.

PHILIPPE, Marie-Dominique: Gott allein. Anbetung und Opfer, Aschaffenburg 1959.

---: Saint Thomas docteur témoin de Jésus, Paris ^{2}1992.

PHILIPPUS A SS. TRINITATE: Summa theologiae thomisticae seu Disputationes in omnes partes Summae S. Thomae, 5 Vol., Lyon 1653.

PIEPER, Josef: Über die Schwierigkeit heute zu glauben, München 1974.

---: Über einen verschollenen Vorschlag zum Zweiten Vatikanum, in: Walter Baier u.a. (Hg.), Weisheit Gottes - Weisheit der Welt (FS Ratzinger), Bd. II, St.Ottilien 1987, 971-975.

PIOLANTI, Antonio: Il Mistero Eucaristico, Città del Vaticano ^{3}1983.

PRÜMMER, Dominicus (Ed.): Fontes vitae s. Thomae Aquinatis, Fasc. II, Saint Maximin 1924.

PRZYWARA, Erich: Thomismus und Molinismus, in: StZ 58 (1933) 26-35.

PUIG DE LA BELACASA, J.: De transsubstantiatione secundum S. Thomam, Barcelona 1926.

RAHNER, Karl: Schriften zur Theologie, Einsiedeln 1957 ff.

---: Grundkurs des Glaubens, Freiburg/Breisgau ¹1984.

RAMIREZ, Jacobo M.: De auctoritate doctrinali S. Thomae Aquinatis, Salamanticae 1952.

RATZINGER, Joseph Kardinal: Eucharistie und Mission, in: FKTh 14 (1998) 81-98.

REGINALDUS, Antonin: Doctrina D. Thomae tria principia, Toulouse 1670.

REINHOLD, G.: Die Lehre von der örtlichen Gegenwart Christi in der Eucharistie beim hl. Thomas, Wien 1893.

ROHRBASSER, Anton: Heilslehre der Kirche. Dokumente von Pius IX bis Pius XII., Freiburg/Schweiz 1953.

RÜCKRIEGEL, Helmut: Papsttum, Gehorsam und der liturgische Traditionsbruch, in: UVK 26 (1996) 391-415.

SALA, Giovanni B.: Transsubstantiation oder Transsiginifikation?, In: ZKTh 92 (1970) 1-34.

SALERNO, Luigi: S. Tommaso e la Costituzione sulla Liturgia, in: Sapienza 18 (1965) 264-279.

SCHEFFCZYK, Leo: Katholische Dogmatik, Bd. I: Grundlagen des Dogmas, Aachen 1997.

---: Theologie und Moderne, in: FKTh 13 (1997) 283-290.

SCHENK, Richard: „Omnis actio nostra est instructio". The Deeds and Sayings of Jesus as revelation in the View of Aquinas, in: StTom 37 (1990) 104-131.

SCHMAUS, Michael (Hg.): Aktuelle Fragen zur Eucharistie, München 1960.

SCHMIDBAUR, Hans C.: Personarum Trinitas. Die trinitarische Gotteslehre des hl. Thomas von Aquin, St. Ottilien 1995.

SCHMITZ, Rudolf M.: Inkarnation, Geschichte und Meßopfer, in: UVK 26 (1996) 335-352.

SCHÖNBERGER, Rolf: Thomas von Aquin zur Einführung, Hamburg 1998.

SEDLMAYR, P.: Die Lehre des hl. Thomas von den accidentia sine subjecto remanentia, in: DT (F) 3-12 (1934) 315-326.

SEIDL, Horst: Zum Substanzbegriff der katholischen Transsubstantiationslehre, in: FKTh 11 (1995) 1-18.

STICKLER, Alfons M. Kardinal: Der Vorrang des Göttlichen in der Liturgie, in: UVK 27 (1997) 323-327.

STOCKHAUSEN, Alma von: Zur thomanischen Schöpfungslehre, in: StTom 44 (1991) 212-216.

STÖHR, Johannes: Die thomistische Theozentrik der Theologie und neuzeitliche Auffassungen, in: StTom 13 (1981) 87-107.

TERAN, Sisto: Santo Tomas, Poeta del Santisimo Sacramento, Buenos Aires 1979.

TOCCO, Wilhelm von: Das Leben des heiligen Thomas von Aquino (dt. Ed. Willehad Paul Eckert), Düsseldorf 1965.

TORRELL, Jean-Pierre: Magister Thomas. Leben und Werk des Thomas von Aquin, Freiburg/Breisgau 1995.

---: Saint Thomas d'Aquin, maître spirituel, Freiburg/Schweiz 1996.

UTZ, Arthur F.: Religion - Opfer - Gebet - Gelübde, Paderborn 1998.

VAGAGGINI, Cyprian: Theologie der Liturgie, Einsiedeln 1959.

WALSH, Liam G.: Liturgy in the theology of St. Thomas, in: The Thomist 38 (1974) 557-583.

---: The Divine and the Human in St. Thomas Theology of Sacraments, in: C.J. Pinto de Oliveira (Ed.), Ordo sapientiae et amoris, Freiburg/Schweiz 1993, 321-352.

THOMAS VON AQUIN UND DIE LITURGIE

Stimmen zur 1. Auflage:

„Das Werk bietet uns eine bei aller prägnanten Kürze doch gründliche Darstellung der Lehre des Aquinaten über die heilige Liturgie. Die Arbeit wird eine wichtige Rolle spielen in der gegenwärtigen Diskussion über die rechte und würdige Gestalt der Meßfeier"
> *Prof.Dr. Walter Hoeres in der „Tagespost"*

„Un libro piccolo, ma il cui valore è inversamente proporzionale alle sue dimensioni … Per l'insieme ed i suoi particolari, sarà bene che il teologo di professione e quanti hanno a cuore la serietà degli studi teologici, familiarizzino quanto più possibile con questo piccolo grande libro"
> *Msgr. Prof.Dr. Brunero Gherardini in "Divinitas"*

"So ist mit dem Verfasser zu wünschen: Thomas – der Mann des neuen Jahrtausends! Das Buch selbst aber erheischt ein: Tolle lege! Nimm und lies! Und empfehle es weiter!"
> *Msgr. Ulrich-Paul Lange in „Theologisches"*

„David Berger gelingt es, in diesem schmalen Bändchen das wesentliche der Liturgie aufzuzeigen und die Leser für das Kerngeheimnis des Glaubens zu sensibilisieren."
> *Gerhard Stumpf in „Der Fels"*